Andreas Haderlein

Die digitale Zukunft des stationären Handels

Andreas Haderlein

Die digitale Zukunft des stationären Handels

Auf allen Kanälen zum Kunden

Bibliografische Information der Deutschen Nationalbibliothek
Die Deutsche Nationalbibliothek verzeichnet diese Publikation in der Deutschen Nationalbibliografie.
Detaillierte bibliografische Daten sind im Internet über http://dnb.d-nb.de abrufbar.

Für Fragen und Anregungen:
haderlein@mi-wirtschaftsbuch.de

1. Auflage 2012

© 2012 by mi-Wirtschaftsbuch, ein Imprint der Münchner Verlagsgruppe GmbH,
Nymphenburger Straße 86
D-80636 München
Tel.: 089 651285-0
Fax: 089 652096

Redaktion: Leonie Zimmermann, Kaufering
Umschlagabbildung: iStockphoto und fotolia
Satz: Grafikstudio Foerster, Belgern
Druck: CPI – Ebner & Spiegel, Ulm
Printed in Germany

ISBN Print 978-3-86880-138-5
ISBN E-Book (PDF) 978-3-86416-107-0

Weitere Informationen zum Verlag finden Sie unter

www.mi-wirtschaftsbuch.de

Beachten Sie auch unsere weiteren Imprints unter
www.muenchner-verlagsgruppe.de

»The future has already happened, it just isn't very well distributed.«

William Gibson, Science-Fiction-Autor

Inhaltsverzeichnis

Vorwort

Wenn wir uns schon heute ein Urteil über die Zukunft des stationären Handels erlauben dürfen, dann dieses: Einzelhandel nach Schema F hat definitiv ausgedient. Dies zeigen nicht nur die jüngsten Pleiten und wirtschaftlichen Schieflagen in der Branche. Shopper werden anspruchsvoller und Mieten teurer. Insbesondere inhabergeführten, alteingesessenen Geschäften steht das Problem der Nachfolgeregelung ins Haus. Und selbst dort, wo der Wille zum ehrbaren Kaufmannsberuf keine Mangelware ist und noch genug Kunden den Laden betreten, hängt das Damoklesschwert des E-Commerce über der Kassentheke.

Es sind noch keine mit Smartphone bewaffneten Horden im Supermarkt gesichtet worden. Noch sind es sogenannte »Early Adopter«, die mit Barcode-Scanner oder Preisvergleichs-Applikationen im stationären Handel aufschlagen. Noch.

Es ist aber – so die Kernthese des vorliegenden Buches – kein Widerspruch, dass der stationäre Verkauf gerade angesichts zunehmender Digitalisierung an Bedeutung gewinnt. Das Schreckgespenst Online-Handel verblasst, wenn sich der Einzelhandel auf seine Tugenden besinnt: Erreichbarkeit, Kommunikation und Produkterlebnis. Nimmt der stationäre Handel den Kampf gegen das E-Commerce über den Preis auf, kann er nur verlieren.

Es gilt vielmehr, den Verkaufsort als Zentrum des Kundendialogs aufzuwerten, als digital flankierten, multikanaligen Zugang zu Produkten und Dienstleistungen. Dabei wird der Kommunikationsraum Internet in das Ladengeschäft hinein erweitert. Neue Technologien und Social-Media-Plattformen, insbesondere mobile Kommunikation, spielen hierbei eine immer stärkere Rolle. Wenn Kunden auf allen erdenklichen Kanälen Kontakte zum Handel aufbauen, ist die logische Konsequenz des Händlers, alle Kanäle zu bespielen – oder besser: sie zugunsten des stationären Geschäfts zu orchestrieren.

Denn das Internet durchdringt bereits kleinste Parzellen des Alltags. Es ist für viele Menschen ein selbstverständlicher Tagesbegleiter. Das interessanteste Phänomen dabei aber ist: Es wird mitunter gar nicht mehr als prägend wahrgenommen.

Das offenbarte sich mir in einem Gespräch mit meinem Friseur vor nunmehr über fünf Jahren. Während er Schere und Kamm ansetzte, fragte ich ihn, ob er privat oder beruflich etwas mit dem Internet zu tun habe. Woraufhin er sofort verneinte, mir aber höflicherweise den investigativen Smalltalk gestattete. Erst im weiteren Gespräch offenbarte sich dann, dass er seine Lebensgefährtin über das Internet kennengelernt hatte (keine Nebensächlichkeit, wie ich meine) und dass in seinen Friseursalon immer mehr Neukunden kommen. »Wegen der guten Bewertungen auf Qype« seien sie zu ihm gelangt. Mein Friseur sprach den Namen einer der größten lokalen Bewertungsplattformen wie »Kiepe« aus. Woher sollte er auch wissen, dass sich der Name aus dem Slogan »Quality or Hype?« ableitet.

Sein berufliches wie privates Glück verdankt mein Friseur also nicht unwesentlich dem Internet. Wie sieht es bei Ihnen aus – beruflich natürlich?

Dieses Buch, liebe Leserinnen und Leser, soll Ihnen dabei behilflich sein, die Chancen der Internetkommunikation für Ihr Ladengeschäft zu ergreifen, eine zielgerichtete Multikanal-Strategie zu entwickeln und über die neuesten »Bricks & Clicks«-Innovationen im Einzelhandel auf dem Laufenden zu bleiben. Denn, um mit William Gibson zu sprechen, die Zukunft ist schon da, sie ist lediglich noch recht ungleich verteilt.

Ich möchte einen bescheidenen Teil zur Verbreitung dieser Zukunft beisteuern und Ihnen Mut machen, den Wandel der Handelslandschaft aktiv mitzugestalten. Ich wünsche Ihnen eine erkenntnisreiche Lektüre.

Ihr Andreas Haderlein

Nützliche Hinweise zum Umgang mit diesem Buch

Web-Adressen: Um die Leserlichkeit des Textes nicht unnötig durch kryptische URLs zu erschweren, sind alle relevanten Website-Angaben jeweils bei Erstnennung von Unternehmen, Online-Diensten und dergleichen als Fußnote an das Seitenende gestellt.

YouTube-Videos: Falls für ein bestimmtes Thema oder ein erwähntes Praxisbeispiel ein informatives Videos auf YouTube existiert, sind die entsprechenden Kurz-URLs[1] ebenfalls an das Seitenende gestellt. Außerdem finden Sie alle empfohlenen Videos auch in der »SALES DESIGN Videothek«[2] nach Kategorien geordnet.

Literatur: Auf relevante Bücher, Studien und Zitate wird jeweils im Text nach dem Schema »Autorennachname, Jahr der Veröffentlichung, gegebenenfalls Seitenzahl« (zum Beispiel Haderlein 2009, S. 14 ff.) hingewiesen. Das Literaturverzeichnis findet sich am Ende des Buches.

Best Practices: Sie finden in diesem Buch eine Vielzahl an Best-Practice-Beispielen von Händlern und Dienstleistern. Besonders herausragende Multikanal-Strategien sind in einem eigenen Kasten als »Bricks & Clicks Innovation« ausführlicher beschrieben. Unter »Bricks & Clicks Szenario« sind Gedanken zusammengefasst, die mögliche Entwicklungen der Zukunft ins Auge fassen.

Praxistipps: Ebenfalls in separaten Merkkästen finden Sie Praxistipps mit konkreten Handlungsempfehlungen.

Glossar: Im Glossar finden Sie relevante, vor allem englischsprachige Begriffe und Akronyme, die nicht selbsterklärend sind.

Buchbegleitende Website: Der Autor Andreas Haderlein wird auf www. bricks-n-clicks.de die Inhalte des Buches fortschreiben und steht dort für vertiefende Diskussionen, Kritik und Lob den Leserinnen und Lesern zur Verfügung.

---

1   zum Beispiel http://youtu.be/x5woIGSOLGk
2   www.youtube.com/salesdesign

Einleitung:
Willkommen im Zeitalter des internetgetriebenen Handels

Das Internet, so viel steht fest, ist in der Mitte der Gesellschaft verankert. Keine Bevölkerungsgruppe kann sich mehr dem Sog des World Wide Web entziehen. Kaum eine Berufsgruppe kann mehr von sich behaupten, das Internet spiele in ihrem Arbeitsalltag keine Rolle. Das Internet holt uns alle ein. Den einen früher, den anderen später – ob wir es wollen oder nicht. »Das Netz ist Alltag – der Alltag (auch) im Netz« (Haderlein/Seitz 2011, S. 10).

Aber damit nicht genug der digitalen Bevormundung. Das Netz ist zudem ein »Ort« voller Ambivalenz: genauso eine Instanz des Zeitvertreibs wie der Zeitverschwendung, ebenso ein manipulierendes Massenmedium wie ein Demokratiewerkzeug, eine bunte, laute Multimedia-Maschine wie eine seriöse – mitunter gar die einzige – Quelle für Information.

Und ganz entscheidend für den vorliegenden Kontext: Das Internet ist elementarer Bestandteil unserer Konsumkultur geworden. Dem Zeitalter des produktionsgetriebenen Handels folgte eine glorreiche filialgetriebene Handelsepoche. Nun stehen wir am Beginn einer innovativen Phase des internetgetriebenen Handels (vgl. GDI Impuls 02/2009, S. 16 ff.). Der digitale Raum wird mehr und mehr zum Fundament für Empfehlung, Werbung, Produktinformation und Transaktion. Treiber ist die zunehmende Vernetzung.

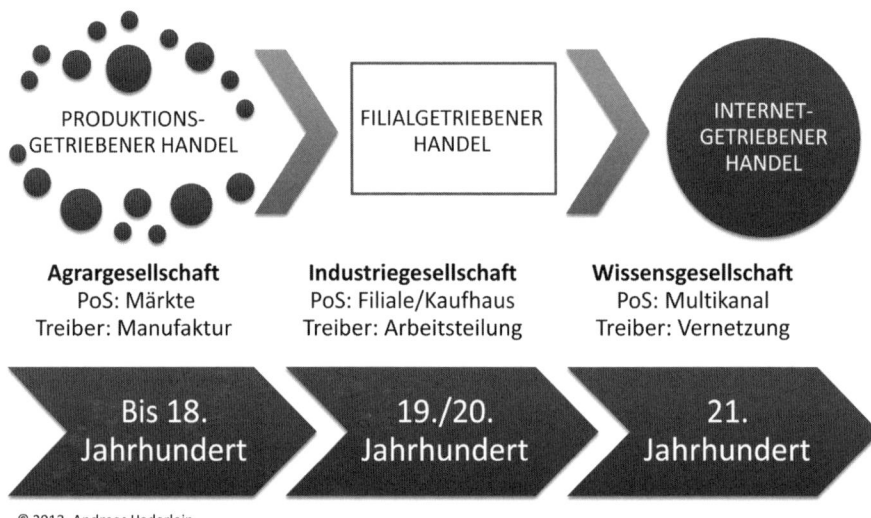

© 2012, Andreas Haderlein

Abb. 1: Der Handel im Spiegel der Epochen

Jörg H. Krenzer ist Gastronom, innovativer Apfelweinkelterer und Sherry-Produzent. Im Jahre 2010 attestierte er auf einer Verbandstagung gleichermaßen provokativ wie visionär:

> *»Früher spalteten sich die Lager des Apfelweintages in Traditionalisten und Experimentelle, was die Keltermethoden anging – heute verläuft der Graben zwischen Online- und Offline-Kelterern.«*

Dieses Zitat steht stellvertretend für so zahlreiche Konflikte in Einkaufsgemeinschaften, Verbänden und Vermarktungsgemeinschaften, wo versucht wird, die Bedeutung des Internets für Kommunikation und Vertrieb auf die Agenda zu heben. Oft sieht das Bild folgendermaßen aus: Totalverweigerer auf der einen, begeisterte Multikanal-Pioniere auf der anderen Seite. Und zwischendrin die große Ratlosigkeit, Unsicherheit und ein undurchdringlicher Wald voller Dienste, Gadgets und Apps.

Das Beruhigende und gleichzeitig Faszinierende aber an der jüngsten Mediengeschichte ist, dass alte Medien – bis auf ganz wenige Ausnahmen – noch nie durch neue Medien vollends ersetzt wurden. Erst recht haben sie noch nicht das Verkaufen abgeschafft und Menschen lernen mit der Zeit, mit ihnen sinnvoll umzugehen. Das Radio verdrängte nicht die Tageszeitung. TV war nicht der Tod des Radios. Und auch das Internet, das eigentlich alle klassischen Medien in sich vereinigen kann, hat nicht die Tagesschau gekippt. Die Tagesschau gibt es jetzt eben auch mobil, als Livestream und als Podcast zum zeitsouveränen Abruf per Mausklick.

Auch der Newsletter (siehe Kapitel 2/E-Mail-Marketing) ist noch weit davon entfernt, von Social-Media-Kanälen auf die hintersten Plätze bei der Direktmarketing-Kommunikation verdrängt zu werden. Vielmehr wird er mittlerweile von einer Reihe von Social-Media- und mobilen Anwendungen flankiert.

Es verändert sich also vor allem der Nutzungskontext, sobald neue Technologien auftreten. Noch immer lesen wir Bücher – mittlerweile aber auch auf einem Tablet-Reader, der ganze Bibliotheken umfassen kann. Noch immer schreiben wir Briefe – die meisten mittlerweile völlig unsentimental elektronisch per E-Mail. Noch immer zahlt der deutsche Verbraucher am liebsten in bar – online aber hat er sich an Payment-Service-Provider wie PayPal gewöhnt. Noch immer treiben Menschen Handel – mittlerweile allerdings auch mit virtuellen Gütern für hartes Geld.

Und genau hier beginnt die Begründung für dieses Buch: an der zunehmend durchlässiger werdenden Grenze zwischen offline und online, zwischen real und virtuell, zwischen stationär und E-Commerce, zwischen Kundenkontakt am Point of Sale und in den Weiten des digitalen Raums.

Multi-, Cross-, Omni-Channel – oder einfach: Bricks & Clicks

In diesem Buch soll es nicht vorrangig um akademisch geführte Diskussionen und Begriffsklärungen gehen. Stefan Kock hat die maßgeblichen Definitionen aus der jüngeren wirtschaftswissenschaftlichen Literatur des deutschsprachigen Raums fabelhaft zusammengetragen (Kock 2010, S. 27 ff.). Ich verwende in diesem Buch das hierzulande gebräuchliche Wort »Multi-Channel« (Multikanal), wahlweise auch Multi-Channeling oder Multikanal-Strategien – wohl wissend, dass sich Abgrenzungen vornehmen lassen und der Begriff des Omni-Channeling passender wäre (siehe unten). Letzterer aber ist im deutschsprachigen Raum noch wenig gebräuchlich.

Aus Sicht des Kunden verspricht Multi-Channeling idealerweise ein nahtloses Kauferlebnis über alle Kanäle hinweg, die uns heute für das Werben und Verkaufen zur Verfügung stehen. Übergreifend aber verbinde ich mit der Umschreibung »Bricks & Clicks« die Gewissheit, dass künftig eine Unterscheidung zwischen stationärem Handel (»Brick and Mortar«), Versandhandel und E-Commerce kaum mehr möglich sein wird, zumindest mit Blick auf den stationären Handel. Der »koordinierte Einsatz verschiedener Ansprache-, Vertriebs- und Servicekanäle« (Burmann/Wenske 2007, S. 198) ist die Überlebensausrüstung des Händlers im internetgetriebenen Zeitalter. Handelsmarketing-Verantwortliche werden die Vertriebs- und Kommunikationskanäle künftig nicht mehr separat bedienen, geschweige denn analysieren können. Denn wenn es eine Beschreibung für das prägende Kaufverhalten der Kunden in der Zukunft gibt, dann ist das »Channel-Hopping«, der »kundenseitige Kanalwechsel innerhalb einzelner Transaktionen« (Müller-Lankenau zit. in: Kock 2010, S. 25).

Jeder neu entstehende Kanal verändert die Bedingungen der Einkaufserfahrung und natürlich die des Verkaufens und Werbens. Die Erfolgsmessung muss immer wieder entlang diesem Wandel angepasst werden. Wem etwa »gehört« der Kunde, wenn er online erstandene Schuhe zum Umtausch in den stationären Handel bringt und dabei noch eine Schuhcreme verkauft bekommt? Die Antwort ist klar: im besten Falle der Handelsmarke und nicht einzelnen Vertriebskanälen.

Auf die neue Vielfältigkeit und Bandbreite des Handelsmarketings reagiert ein Großteil der Händler noch sehr unkoordiniert. Die Unternehmensberater von KPMG formulieren dies in der Studie »Trends im Handel 2020« folgendermaßen:

»Der Abschied vom Kommunikationsmonopol der Marketingprofis führt zurzeit noch zu einem kreativen Trial-and-Error-Ansatz im Umgang mit dem neuen Medium. Der Handel bedient sich aus dem kompletten Medienorchester und wählt die Maßnahmen individuell, je nach strategischer Ausrichtung. Marketing der Zukunft bewegt sich zwischen Social Media und Zeitungsannonce, zwischen Hightech und ›guten alten Zeiten‹.« (KPMG/EHI Retail Institute 2012, S. 39)

Um den aktuellen Entwicklungen im Handelsmarketing einen Erklärungsrahmen zu geben, wollen wir uns im Folgenden die Begriffe Multi-Channeling, Cross-Channeling und die vor allem durch US-amerikanische Veröffentlichungen geprägte Beschreibung des Omni-Channeling genauer ansehen.

Neue Begriffe und Wortschöpfungen sind die »Lesehilfen« des Wandels. Wollen wir wirklich »elektronische Briefe schreiben« sagen statt »mailen«? Wem gelingt es etwa, das Wort »Wellness« ins Deutsche zu übersetzen? Der Begriff war und ist noch immer die Schablone für eine mächtige Gesundheitsindustrie, die erst in den letzten 20 Jahren entstanden ist – vom Wellness-Jogurt bis zum Wellness-Hotel. Dass insbesondere Trendbegriffe irgendwann nur noch hohle Marketingversprechen sind, liegt in der Natur der Sache. Außerdem treibt der technologische Wandel Begriffe vor sich her: Genau genommen müsste »Bricks & Clicks« in »Bricks & Clicks & Touches« umgetauft werden, blickt man auf die Handhabung mobiler Endgeräte wie Smartphones.

Und klar ist auch: Sprache lebt. Viele Jahrhunderte wurde das Deutsche aufs Vorteilhafteste durch französische Wörter ergänzt. Heute lebt die deutsche Sprache (und erst recht die Trendsprache) dialogisch vor allem mit dem Englischen. Für neue Phänomene, die durch technologische Innovationen hervorgerufen werden, kennen wir gar nur die englischsprachigen Begriffe: Internet, online, offline, Newsletter, Social Media, Web 2.0 usw.

Interessant sind Begriffe, wenn man sie rückblickend versucht einzuordnen. Denn dann offenbaren sich die Paradigmenwechsel, die ihren Niederschlag im kulturellen Kontext und im wirtschaftlichen Handeln finden. Sie sind die Steigbügelhalter des Zeitgeists und machen nur allzu deutlich, dass sich Zeiten eben ändern.

Schauen wir kurz auf die hier relevanten Begriffe:

- Mit **Single-Channeling** ist der Vertrieb über ausschließlich einen Kanal gemeint. Natürlich ist dieser Weg die traditionellste Form des stationären Einzelhandels, geprägt durch den angesichtigen Kundenkontakt und ein multisensuelles Produkterlebnis vor Ort. Aber auch der Distanzhandel, vor allem reine Online-Händler ohne Katalogversand oder Telefonberatung, setzen noch immer auf die Deutlichkeit der »Einbahnstraße« – die Frage ist nur: Wie lange noch?

- **Multi-Channeling** markiert den ersten Paradigmenwechsel mit dem Aufkommen des Internets Mitte der 1990er-Jahre. Stationäre und Versandhändler eröffnen Online-Shops, um weitere Zielgruppen zu erschließen. Reine Internethändler scheitern mit der Dotcom-Blase oder erkennen, dass der Printkatalog noch immer ein probates und ästhetisch anspruchsvolles Mittel ist, Kunden bei der Stange zu halten. Denn diese sind meist mit Online-Stores konfrontiert, die den Scharm einer Excel-Tabelle haben und alles andere als multimedial angereichert sind, wie es heute mit 360-Grad-Ansichten, Zooms und Videos möglich ist. Multikanal-Handel vor diesem Hintergrund aber – und das ist entscheidend – umfasst Vertriebskanäle, die nicht zwingend strategisch als geschlossenes Ganzes installiert sind. Sie existierten als unabhängige Einheiten. Der elektronische Handel wird nicht selten als direkter Konkurrent gesehen – Kanibalisierungseffekte inklusive. Der interne Kampf in Handelsunternehmen um Budgets zwischen Online-Fraktion auf der einen und Stationär-Verfechtern auf der anderen dürfte noch so manchem aus der Branche bekannt sein.

- Mit dem Paradigma **Cross-Channeling** werden die jeweiligen Kanäle strategisch bewusst zusammengedacht. So erlebte der Versandkatalog eine Renaissance. Insbesondere vertikale Modehändler nutzen ihn noch immer als Werbemittel, ohne den Erfolg an eingehenden Fax-Bestellungen messen zu müssen. Denn es ist klar, Kunden hüpfen im Transaktionsprozess von Kanal zu Kanal, lassen sich qua Bilderstrecken in Printmedien inspirieren, vergleichen Preise im Internet und tätigen den Kaufabschluss am Point of Sale. Das Internet als Kaufentscheidungshilfe bekommt zunehmende Relevanz über Empfehlungsmechanismen. Und dennoch harrt Chross-Channeling der Professionalisierung aller Prozessketten.

- Die Antwort darauf heißt **Omni-Channeling**: Gemeint ist die erfolgreiche Integration und das Zusammenspiel von Prozessen und Entscheidungen zugunsten eines bündigen Handelsmarkenauftritts in allen erdenklichen Prozessschritten der Kundeninteraktion. Das Kundenbeziehungsmanagement steht vor gewaltigen Herausforderungen. Wo auch immer der Kunde sich befindet – in der Entscheidungsphase, an der Kasse oder bei der Reklamation – Omni-Channel-Retailer sind durch die Verknüpfung aller erdenklicher Touchpoints gewappnet, ihren Kunden eine konsistente Kauferfahrung zu ermöglichen, sie schlicht und ergreifend zufriedenzustellen und zu begeistern: stationär, online, mobil, im Call-Center oder auf Social-Media-Plattformen. Mehr denn je ist die Handelswelt von heute datengetrieben. Sowohl Backend-Prozesse wie die Personalorganisation oder Logistik, als auch die kundenseitigen Schnittstellen – vom Social-Media-Monitoring über Mobile Payment bis hin zum Geotargeting – fließen in einem riesigen Datenpool zusammen, der nur ein Ziel hat: den vernetzten und jederzeit absprungbereiten Kunden zu binden und neue »Fans, Friends & Followers« zu gewinnen.

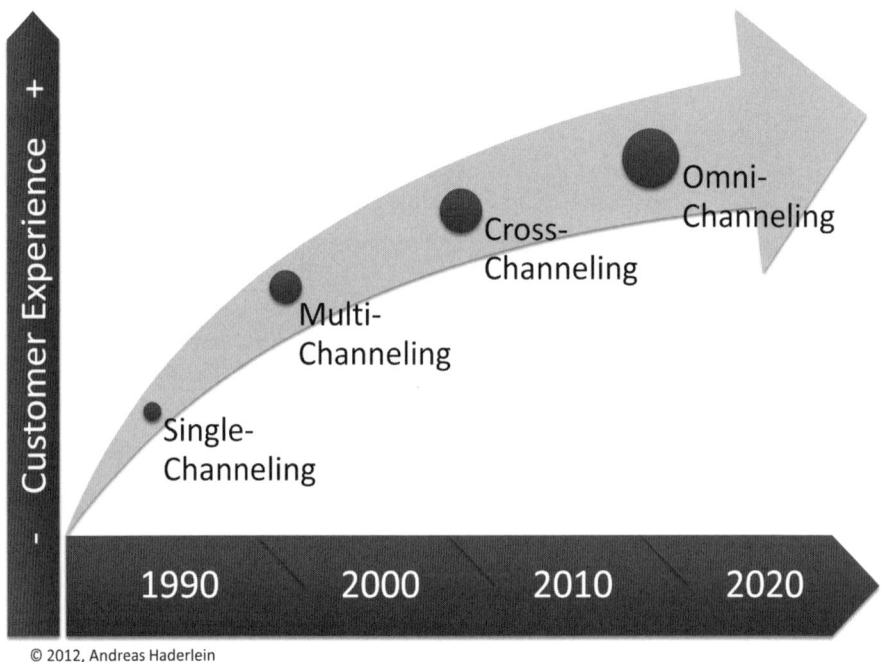

© 2012, Andreas Haderlein

Abb. 2: Die Evolution des internetgetriebenen Einzelhandels

Ist Bricks & Clicks ein Geschäftsmodell?

Bricks & Clicks ist die zentrale Überlebensstrategie für stationäre Einzelhändler. Eine Positionierung gegen den Multikanal-Gedanken kann nur radikal erfolgen – als Retro-Shop. Denn klar ist auch: Treiber des Multi-Channel-Retailing sind nicht die Handelsunternehmen selbst, sondern deren Kunden, die ein zunehmend kanalübergreifendes Kauf- und Informationsverhalten an den Tag legen.

Multi-Channel darf nicht mit stationär hier, E-Commerce über eine Website dort vereinfacht werden. Schlecker war ein Multi-Channel-Retailer und hat es trotzdem nicht geschafft, sein Konzept ins 21. Jahrhundert zu retten.

Nur wenige deutsche Händler haben sich bisher auf konsistente Multi-Channeling-Lösungen eingelassen. Zu den Ausnahmen zählt sicherlich das Schuhhaus Görtz, das schon seit 2003 mit einem Online-Shop am Markt vertreten war und seit 2007 konsequent eine Multikanal-Strategie verfolgt (vgl. Spannuth 2011).

Im vergangenen Frühjahr erregte eine repräsentative Befragung der Strategieberater von SMP[3] die Gemüter der Handelsexperten. »Die Integration der Kanäle [online und stationär, A.H.] spielt (...) kaum eine Rolle. Ein Zusammenhang ist statistisch nicht zu belegen«, heißt es in einer Pressemitteilung des Düsseldorfer Unternehmens vom 31. Mai 2012.

Shopper scherten sich also nicht die Bohne um die Kohärenz eines Multikanal-Ansatzes ihres Händlers, so der Tenor der SMP-Branchenanalyse auf Basis des sogenannten »Cross Channel Performance Index« (CPX). Sie kauften entweder online oder offline und forderten in beiden Kanälen das, was ein Kanal eben leisten sollte, um Kunden glücklich zu machen. Zuvorderst Beratungskompetenz im stationären Handel; Sortimentstiefe, Verfügbarkeit, Lieferservice und Auswahl an Bezahlarten im Online-Shop.

Dem Händler aufgrund der Integration beider Vertriebskanäle deswegen aber die Treue zu halten ist der Befragung zufolge ein Wunschdenken der stationären Händler, die nun versuchten, mit Online-Angeboten verlorenes Terrain bei den Online-Pure-Playern Amazon, Zalando & Co. gutzumachen. Drei Viertel der Verbraucher seien bei einem Kanalwechsel vom stationären Handel in Online- und Mobilformate schon einmal ihrem Händler untreu geworden.

Es gibt aber wie immer zwei Lesarten dieser Erhebung – ein Glas kann bekanntlich halb voll oder halb leer sein. Schauen wir zuerst auf das halb volle Glas:

- Der stationäre Handel hierzulande steht erst am Beginn der Ära der »Bricks & Clicks«. Von wenigen Ausnahmen abgesehen – Görtz, Sportcheck oder Globetrotter – ist der deutsche Einzelhandel noch weit hinter Trendpionieren wie Target oder Home Depot aus dem englischsprachigen Raum zurück. Das heißt auch: Ein Gros der bundesdeutschen Konsumenten ist noch gar nicht mit intelligenten Multikanal-Lösungen in Kontakt geraten.

Und das halb leere Glas:
- Multi-Channeling-Pioniere werden mittelfristig auch das Bild der Fußgängerzonen dieser Welt verändern. Künftig wird sich kein Händler mehr auf seinen stationär erworbenen Lorbeeren und Markenbekanntheit aus dem 20. Jahrhundert ausruhen können. E-Commerce und Internetkommunikation war und ist noch immer US-amerikanisch geprägt (Amazon, EBay, Facebook etc.), die Zukunft des stationären Handels wird allerdings auch in Asien geschrieben (vgl. PwC 2011, S. 18).

---

3   www.smp-ag.de

Die Kontroverse zeigt einmal mehr, dass Multikanal-Expertise kommunikations- und nicht vorrangig vertriebs- und preisbezogen zu verstehen ist. Denn die Geschäftsmodelle aus dem stationären Handel können nicht eins zu eins auf den E-Commerce übertragen werden. Wer unter Multikanal-Handel lediglich versteht, das Internet als Lagerräumungsrampe und virtuelles Outlet-Center zu nutzen, der scheitert. Am Ende werden sich nur kohärente Konzepte durchsetzen, bei denen keine Unterscheidung mehr zwischen on- und offline gemacht werden kann.

Aurora Fashions[4] betreibt weltweit annähernd 1.300 Mode-Stores unter verschiedenen Marken und hat verstanden, seine stationären Shops auch als Drehscheiben des Online-Geschäfts zu nutzen. Die nahtlose Verbindung aller Kanäle zur Zufriedenstellung des Kunden – online, mobil und stationär – ist bei Aurora offensichtlich. In diesem Buch werden Sie noch viele Beispiele lesen, hier deshalb stellvertretend in aller Kürze ein Schlaglicht auf Innovationen des Multi-Channeling:

- **Home Delivery:** Ist ein Produkt in einem Geschäft nicht verfügbar, sorgt die Echtzeit-Sortimentsabfrage des gesamten stationären Filialnetzes für Aufklärung. Ist die Ware vorrätig, kann entweder ein Termin zur Anprobe ausgemacht werden oder aber es wird – wenn möglich noch am gleichen Tag – geliefert.

- **Click & Collect:** Produkte, die über das Internet das Interesse des Konsumenten wecken, können im stationären Geschäft abgeholt oder zur Anprobe reserviert werden.

- **Smarte Verkaufshilfen:** In-Shop-iPads dienen in kleineren Geschäften dazu, ein beschränktes Sortiment in den virtuellen Raum hinein zu erweitern. Online-Kaufabschlüsse können also auch stationär getätigt werden.

- **Store Performance:** Die Erfolgsmessung eines stationären Shops richtet sich nicht allein nach den ausschließlich hier vollzogenen Transaktionen, sondern auch nach den dort abgewickelten Online-Bestellungen. Hinzu kommt: Jeder Online-Kunde, der ein Produkt im Laden abholt, hat das Potenzial zum Up-Selling.

Exzellenz werden Händler künftig also dahingehend entwickeln müssen, Kunden an allen Touchpoints glaubhaft und vertrauensvoll zu begegnen. Das Rennen macht zweifelsohne derjenige, der den Markt mit einer hohen Qualität an Kundeninformationen bedienen kann. Nur so gelingt es, die Kundenabwanderung in den Griff zu bekommen. Dass dies mehr Investition in das Prozessmanagement und IT erfordert, steht außer Frage. Verfügbarkeitsabfragen innerhalb des Filialnetzes gehören ebenso dazu wie Online-Bestellungen im stationären Shop und eine entsprechende Margenbeteiligung des lokalen Händlers.

---

4   www.aurorafashions.com

Es ist eine Binsenweisheit: Einkaufen beginnt nicht beim Kaufabschluss an der Kasse oder im Check-out des Online-Stores. Nicht ohne Grund umschreibt das englische Wort Shopping auch das »Erlebnis« Einkaufen. Shopping ist die Zeremonie des Konsums samt Kaffeeklatsch mit bester Freundin oder Familientag im Shopping-Center. Eben dieser soziale Aspekt des Einkaufens wird nicht deshalb aus unserem Gencode gestrichen werden, weil uns nun das Internet die Parkplatzsuche erspart. Die magischen Momente, in denen wir uns als Kunden für oder gegen ein Produkt entscheiden, sind künftig lediglich noch beiläufiger in unseren (digitalen) Alltag verstrickt. Und das verlangt dem Beruf des Verkäufers einiges ab.

Zwischenfazit: Der Händler der Zukunft ist ein Künstler der Kommunikation

Der stationäre Händler von morgen ist Produzent von Lebensgefühlen, Moderator von Kundenbedürfnissen, Agent der Kunden, Künstler der Kommunikation, Community Manager und geschickter Logistiker in einem. Er erkennt, dass das (mobile) Internet nicht nur ein veritabler Distributionskanal ist, sondern vor allem auch ein Kommunikationsraum, der aus Online-Erwartungen adäquate Offline-Erfahrungen am Verkaufsort machen muss.

Nicht ohne Grund hat Apple den Beruf des Verkäufers neu erfinden müssen. Vor den Apple Stores ging man in einen mal mehr, mal weniger attraktiven Shop für Elektrogeräte. Heute ist der Computerkauf im Apple Store, ja, schon die Vorbereitung auf den Besuch ein konsistentes Markenerlebnis. Ein breites Servicespektrum entfaltet sich online wie offline mit höchster Konzentration auf den Apple-Berater vor Ort (siehe Kapitel 5/Produktberatung). Ron Johnson, der einstige Retail-Stratege des glanzvollen US-Unternehmens, betont treffend, worum es im stationären Einzelhandel gehen muss: »Die Beziehungen zwischen Menschen zu vertiefen.« (Morse 2012, S. 46)

Vom E- zum Social Commerce: Kurze Geschichte des elektronischen Handels

Die kommerzielle Nutzung des Internets hat sich seit dem Aufkommen der ersten Shop-Systeme Mitte der 1990er-Jahre radikal verändert. Wer hätte noch vor wenigen Jahren gedacht, dass eine Firma mit virtuellen Kühen und Möhren Geld verdienen kann? Über das Unternehmen Zynga, das unter anderem die Browserspiele »Farmville« und »MafiaWars« entwickelte, sagte das *Handelsblatt* treffend, es habe aus dem Vertrödeln von Zeit ein Milliardengeschäft gemacht. Im ersten Quartal 2012 spielten monatlich 292 Millionen Spieler weltweit ein

Online-Spiel dieser aufstrebenden kalifornischen Firma. 2011 erwirtschaftete Zynga 1,14 Milliarden US-Dollar Umsatz. 2009 lag er noch bei rund 121 Millionen US-Dollar.

Das mit 900 Millionen Nutzern weltweit größte soziale Netzwerk Facebook hat gar schon eine eigene Quasi-Währung in Umlauf gebracht. Mit »Facebook Credits« können virtuelle Güter in eben jenen Zynga-Spielen und Zusatzfunktionen von Facebook-Applikationen bezahlt werden. Schon heute hängen Facebook-Gutschriften als Plastikkärtchen im Einzelhandel – neben iTunes-Gutscheinen und Telefonkarten.

Aber blicken wir kurz zurück: Anfangs war es ein überschaubarer Kreis von (meist männlichen) Nutzern und Anbietern, die über die damals noch recht steif daherkommenden Online-Shops Geld gegen Ware – zuvorderst Elektronikartikel und Medien – tauschten. Dann kam Amazon und das Milliardengrab des stationären Buchhandels. Irgendwann zeigte iTunes der Musikindustrie, dass man auch im digitalen Zeitalter mit elektronischen Datenträgern Geld verdienen kann.

Heute nutzen immer mehr Menschen das Internet zum – fast beiläufigen – Online-Shopping. Die verschiedensten Zahlungsoptionen von der Kreditkarte über PayPal bis hin zum Bezahlen per Mobiltelefon und SMS tragen dazu bei, dass immer mehr Nutzergruppen am E-Commerce teilhaben können. Nicht zuletzt sorgen Gütesiegel wie »Trusted Shops«[5] für mehr Vertrauen bei der Abwicklung von Online-Einkäufen.

Jede Nische hat mittlerweile einen Online-Vertrieb. Nischen sind geradezu wie für das Internet gemacht (vgl. Anderson 2007). Und auch der Rollentausch zum Verkäufer ist mit wenigen Mausklicks – zumindest technisch – ein Kinderspiel. Nahezu alle ambitionierten Content-Management-Systeme und Website-Baukästen kommen mit einem integrierten Online-Shop daher.[6] Online-Handelsplattformen wie Tradoria, das seit 2011 dem japanischen E-Commerce-Giganten Rakuten[7] gehört und nun auch unter dessen Namen firmiert, versammeln, einem riesigen virtuellen Einkaufscenter gleich, Tausende von Online-Händlern unter einem Dach. Rakuten ist der Full-Service-Dienstleister im Hintergrund, denn um technische, rechtliche oder sicherheitsrelevante Dinge muss sich der Händler selbst gar nicht mehr kümmern. Er kann sich voll und ganz auf sein Sortiment und die Beratung konzentrieren. Und wer selbst gemachte Handtaschen nicht nur auf regionalen Kunsthandwerkermärkten verkaufen will, sondern weltweit, der nutzt beispielsweise den Online-Marktplatz DaWanda[8] (vgl. Haderlein/Krisch 2008, S. 47 ff.).

EBay und DaWanda haben ein Exempel statuiert. Nie wurde mehr Gebrauchtes und Selbstkreiertes (online) verhökert als heute. Derzeit etabliert sich gar eine weitere Online-Handelskategorie, der sogenannte »Re-Commerce«. Hier

---

5   www.trustedshops.de
6   www.jimdo.com
7   www.rakuten.de
8   www.dawanda.de

kaufen Zwischenhändler im großen Stil vor allem gebrauchte Elektronikgeräte auf, um sie international wieder abzusetzen.[9]

Das Überspringen des klassischen Intermediärs in Handel und Dienstleistung ist ein symbolträchtiges Zeichen unserer Zeit. Peer-to-Peer (P2P) heißt dieser Vorgang und er ist nicht nur konstituierend für illegale MP3-Tauschplattformen. Selbst Bankgeschäfte werden mittlerweile ohne Bank abgewickelt. Zahlreiche P2P-Kreditmarktplätze[10] sind bereits entstanden. Und auch Anwälte bekommen mit »Check my case«[11] Konkurrenz aus dem Internet. Anstatt teure Anwälte zu befragen, setzt die juristische Selbsthilfegruppe auf das Wissen der Community.

Nie war der Austausch über Produkte größer, nie wurde mehr gesucht, empfohlen, getestet und bewertet als heute. Das ist der Kern des sogenannten Social Commerce (vgl. Haderlein/Krisch 2008). Der klassische Fach- und Einzelhandel, vor allem im Non-Food-Bereich, wird zunehmend links liegen gelassen, weil sich ein steigender Teil von Transaktionen und Kommunikationen Peer-to-Peer abspielt. Aber freilich verdienen daran die »neuen« Zwischenhändler – oder besser: die Ermöglichungsdienstleister EBay, DaWanda & Co.

Was in den letzten Jahren mit dem Schlagwort »Web 2.0« deutlich wurde, ist nichts weniger als die Sturm-und-Drang-Phase des Mediennutzers, der beginnt, selbst zum Gestalter der digitalen Landschaften zu werden – mit entsprechenden Auswirkungen auf Märkte, Kommunikation und Kultur. Das Internet der ersten Generation war – um im Slang der neuen Netzwelt zu bleiben – eine unausgereifte »Beta-Version«. Der Online-Handel war lange Zeit nichts weiter als das Fortschreiben der »analogen« Warenwirtschaftslogik in den digitalen Raum, gleichsam die Kopie der Bestellnummer im Internet. P2P-Plattformen stellen die althergebrachten Marktmechanismen auf den Kopf.

Wachstumsmotor E-Commerce: Power-Zielgruppe Frau

E-Commerce boomt zweifelsohne. Die Erhebungen des Bundesverbands des Deutschen Versandhandels e.V. (bvh) bestätigen dies einmal mehr. Der Verband legte im vergangenen April die ersten Quartalszahlen für 2012 im Distanzhandel vor. Demnach stieg der Gesamtumsatz im, wie es heißt, »interaktiven Handel« um 10 Prozent. Der reine E-Commerce ist Wachstumstreiber und hält mit über 70 Prozent auch den größten Anteil am interaktiven Handel. Letzterer wiederum macht hierzulande 8,2 Prozent des gesamten Einzelhandelsumsatzes aus. Seriöse Schätzungen gehen von einem Anteil von 20 Prozent im Jahr 2020 aus.

Zu den wachstumsstärksten Warengruppen zählen mittlerweile Großkaliber wie Haushaltsgeräte und Möbel. Produkte, die Handelsmarketing-Propheten nach der ersten Dotcom-Blase vor nunmehr über zehn Jahren nie und nimmer

---

9   zum Beispiel www.momox.de oder www.rebuy.de
10   zum Beispiel www.prosper.com, www.zopa.com, www.smava.de und www.auxmoney.com
11   www.checkmycase.com

im Online-Regal haben stehen sehen. Der zunehmenden Konkurrenz aus dem Netz[12] begegnen die stationären Möbelhändler schon jetzt mit Multi-Channel-Lösungen, etwa mit Online-Raum- und Küchenplanern, die Steilvorlage für das Beratungsgespräch am Point of Sale sind.

Und wer hätte gedacht, dass einstige Schlachtrosse nun hinter Amazon die zweite Geige spielen. Traditionsreiche Versandhändler etwa wie Neckermann. de alias Neckermann stehen gar vor dem Aus. Im Juli 2012 stellte der Konzern den Insolvenzantrag – und das, obwohl man bereits einen Großteil des Umsatzes mit Online-Bestellungen generiert.

Bei Lebensmitteln sieht die Sache anders aus. Der tägliche Routinekauf im Supermarkt wird durch Online-Anbieter nur im homöopathischen Bereich beeinflusst. Mehr als 3 Prozent Anteil am Gesamtumsatz des Lebensmitteleinzelhandels werden es Experten zufolge auch hier mittelfristig kaum sein. Länderspezifische Unterschiede gibt es dennoch. LeShop[13], der Online-Supermarkt des Handelskonzerns Migros, hat sich in der Schweiz fest etabliert. Vor allem berufstätige Frauen und Mütter zwischen 25 und 49 Jahren nehmen den durchdachten Lieferservice in Anspruch. Zudem wird mittlerweile jede achte Bestellung über Tablets oder Smartphones entgegengenommen. Tendenz steigend.

Dass der Versand von Lebensmitteln aber ein Geschäft mit Haken und Ösen ist, bestätigen hierzulande die Kundenzufriedenheitsmessungen (vgl. Consline 2012) und Tests (vgl. Bender 2012b). Portokosten und Lieferzeiten stehen meist (noch) in keinem akzeptablen Verhältnis. Amazon hatte sich auf das Terrain vorgewagt, scheitert bislang aber kläglich, insbesondere wenn Frischeprodukte im Warenkorb landen. Positive Impulse gehen von kombinierten Liefer- und Abholservices (zum Beispiel Rewe[14]), von Feinkost- und Bio-Versendern (zum Beispiel Gourmondo.de[15]) oder von bundesweiten E-Food-Anbietern wie My-Time[16], dem Online-Supermarkt der Bünting-Gruppe, aus. Gleichwohl zeigen vor allem junge innovative Händler, dass man mit pfiffigen Multikanal-Services auch bei Nudeln, Milch & Co. punkten kann.

Seit geraumer Zeit schon bilden Bekleidung, Textilien und Schuhe die umsatzstärkste Warengruppe beim »interaktiven Handel« über eine Website, einen Versandkatalog oder über Teleshopping. Im ersten Quartal 2012 bezifferte der Bundesverband des Deutschen Versandhandels den Umsatz auf 3,2 Milliarden Euro – nicht zuletzt getrieben durch werbeaggressive Unternehmen wie Zalando. Die Warengruppe gibt gleichzeitig darüber Auskunft, welche Zielgruppe in den letzten Jahren für den E-Commerce immer mehr erschlossen wurde: Frauen. Heute kauft mehrheitlich eine weibliche Klientel in Online-Shops ein. Und was für den stationären Handel gilt, ist auch online Gesetz: Männer shoppen gezielt – Frauen lassen sich inspirieren (vgl. Eckstein 2012).

---

12 zum Beispiel www.home24.de
13 www.leshop.ch
14 www.rewe-online.de
15 www.gourmondo.de
16 www.mytime.de

Ein Schreckgespenst verblasst: Die Entdeckung des Internets als Kommunikationsraum

Ausgerechnet das World Wide Web macht den Zugang zu lokalen Informationen einfacher und bequemer. Schon heute sind ein Viertel aller Suchanfragen auf Google lokal motiviert. Das heißt, Menschen wollen wissen, wer der beste Friseur im Stadtviertel ist oder wie man am schnellsten zum Bahnhof kommt.

Und so muss auch der stationäre Handel neue digitale Wege gehen. Zweigleisig fahren ist das Mindeste, was er tun kann. Nicht nur zählen mittlerweile Online-Shops von Händlern stationärer Provenienz zu den umsatzstärksten Top-3-Versendergruppen im Versandhandel. Sie sind mit 41 Prozent Wachstum von 2010 auf 2011 auch der Turbo im E-Commerce.

Es wäre allerdings fatal, den digitalen Raum ausschließlich als zusätzlichen Vertriebskanal zu instrumentalisieren. Das Internet ist – das ist eine der Leitthesen dieses Buches – für den stationären Händler vor allem auch ein Ort für Kaufanbahnung, Beratung, Werbung und Kundenbindung. Mit Mobile Couponing etwa oder dem Drive-in-Supermarkt mit Online-Vorbestellung versucht man, die Konkurrenz aus dem E-Commerce mit den eigenen Waffen zu schlagen und Mehrwerte für Kunden zu schaffen. Denn diese machen schon lange keinen Unterschied mehr zwischen stationär und online. Verbraucher haben das »RoPo-Motto« längst verinnerlicht: Research online, purchase offline – online vergleichen, stationär kaufen.

Stadtentwicklungsplaner und nicht wenige Ladenbesitzer malen entlang dieser Entwicklung einmal mehr das Schreckgespenst E-Commerce an die Wand, das alteingesessenen stationären Händlern den Garaus macht und damit für (noch mehr) Ödnis in der Fußgängerzone sorgen wird. Die Einzelhandelslandschaft ist aber so vielfältig wie die offerierten Produkte und Dienstleistungen. Und sie ist anpassungsfähig. Denn verkauft wird auch im 21. Jahrhundert – aber eben unter anderen Vorzeichen.

In Bezug auf Online-Kommunikation und Multi-Channel-Strategien hat ein Reifenfachhändler mit angeschlossener Werkstatt sicherlich einen geringeren »Leidensdruck« als etwa ein Haushaltswarengeschäft oder der Buchhandel. Letzterer zeigt in beeindruckender Weise, wie Online-Kommunikation und neue Technologien am Point of Sale mit dem stationären Geschäft verknüpft werden müssen. Ich denke hier beispielsweise an die Buchhandelskette Thalia, an der nur allzu deutlich abzulesen ist, was es heißt, sich gegen disruptive Innovationen (E-Books) und E-Commerce (Amazon & Co.) zur Wehr zu setzen.

Thalia[17] spielt auf der ganzen Klaviatur der neuen Medien: von bestens aufbereiteten Karriereseiten[18] über alle gängigen Multikanal-Services[19] bis hin zu

---

17 www.thalia.de
18 http://unternehmen.thalia.de/karriere
19 www.thalia.de/shop/service

einem neuen Veranstaltungskonzept namens »ThaliaTainment«[20]. Dass vor allem Großbuchhandlungen einen gehörigen Teil des Umsatzes längst nicht mehr nur mit Schmökern verdienen, ist aber genauso Zeichen des Umbruchs in der Branche wie der Trend zurück zu kleineren Verkaufsflächen. Multikanal-Strategien sind demnach ein wichtiges, aber beileibe nicht das einzige Mittel, den stationären Einzelhandel zu sanieren.

Klar ist auch: DAS Multi-Channel-Patentrezept für alle Warengruppen und Sortimente gibt es nicht. Die folgenden Ausführungen mögen Ihnen deshalb Impulse liefern und als Filter dienen, um erste Weichenstellungen für die Zukunft Ihres stationären Geschäfts vorzunehmen. Eine Zukunft, die zwei vormals getrennte Welten, online und offline, zusammenführt.

Willkommen im Zeitalter des internetgetriebenen Handels! Ein Zeitalter, das mitnichten den stationären Verkauf auf die Müllhalde der Konsumgeschichte verfrachtet. Wie sagte es die Einzelhandels-Ikone Ron Johnson, lange Zeit Hauptverantwortlicher für die erfolgreiche Retail-Strategie von Apple und nun CEO der texanischen Kaufhauskette J. C. Penney, gegenüber der *Harvard Business Review* so schön:

»Reale Läden sind immer noch der Ort, an dem die meisten Waren gekauft werden, und ich bin überzeugt, dass das auch in 50 Jahren noch so sein wird.« (Morse 2012, S. 42)

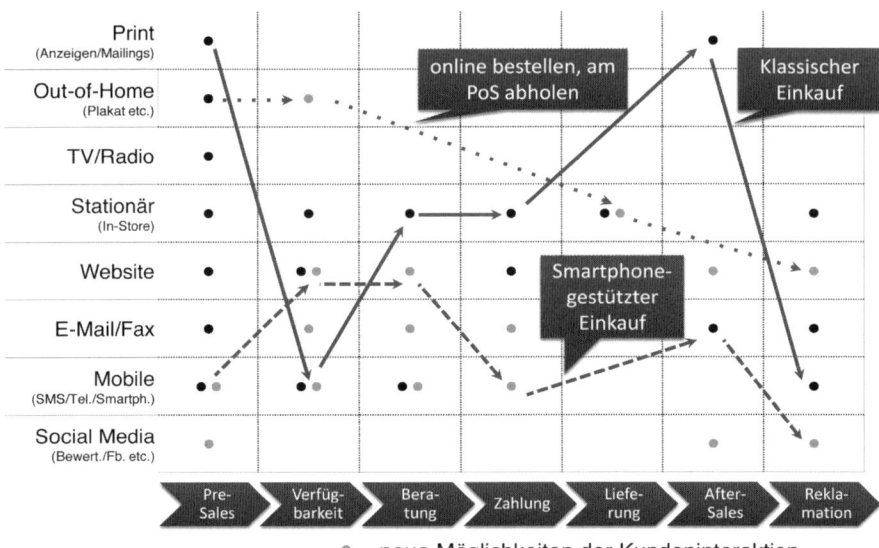

© 2012, Andreas Haderlein   ● = neue Möglichkeiten der Kundeninteraktion

Abb. 3: So kaufen Kunden am Point-of-Sale: Kanalwechsel bald selbstverständlich

---

20 www.thalia.de/tainment

Warum der Point of Sale an Bedeutung gewinnen wird – und Digitalisierung einen wichtigen Beitrag dazu liefert

Die neuen »Zauber«-Technologien auf der einen und bestens informierte Kunden auf der anderen Seite machen deutlich, vor welchen Herausforderungen der stationäre Einzelhandel derzeit steht: Es geht um die Kanalisierung von Information am richtigen Ort zur richtigen Zeit.

Gegenüber dem US-amerikanischen Online-Magazin *Retail Solutions Online*[21] bringt es Ravi Bagal, verantwortlich für die Geschäftsfelder Retail und Distribution beim IT-Dienstleister Verizon, folgendermaßen auf den Punkt:

> *»Technologie ebnet den Weg des stationären Handels zu einer besseren Version von dem, was er immer war.«*

Dabei ist jedoch eine klare Trennlinie zu ziehen zwischen den Testlaboren und Future Stores der großen Handelsketten, die schon früh den technischen Spielraum ausloteten und beispielsweise Selbstzahlerkassen als »Next Big Thing« kommunizierten. Technologie wird erst dann interessant, wenn sie von Konsumenten – im wahrsten Sinne des Wortes – selbst in die Hand genommen wird. Und meist sind es branchenfremde Unternehmen, welche die Logiken einer ganzen Industrie über den Haufen werfen. Dass nämlich ein kleines Gerät namens iPhone mehr zur Revolution des Einkaufsverhaltens beitragen würde als ein intelligenter selbst bestellender RFID-Kühlschrank (RFID = radio-frequenz identifikation), daran hat noch vor weniger als einem halben Jahrzehnt wohl kaum jemand gedacht.

Technik ist eben verführerisch. Man kann so viel mit ihr anstellen, wird aber allzu oft an den tatsächlichen Bedürfnissen der Menschen vorbeientwickelt. Die »Future Store Initiative« der Metro Group und der »real,- Future Store« – um nur zwei einschlägige Testlabore zur Zukunft des Einkaufens zu nennen – tragen gewiss dazu bei, Visionen der künftigen Ladengestaltung und Kommunikation am Verkaufsort Wirklichkeit werden zu lassen. Die entscheidende Erkenntnis aber lautet meist: Technik ruft noch lange kein besseres Einkaufserlebnis, geschweige denn eine Emotionalisierung des Bananenkaufs hervor.

Selbst bestellende Kühlschränke haben es deswegen noch immer nicht flächendeckend in die Küchen der Verbraucher geschafft und der Grund liegt nicht in der technischen Realisierbarkeit. In den machbarkeitslogischen Zukunftsfantasien der Entwickler bleiben schlicht konsum- und soziokulturelle Veränderungen sowie der disruptive Charakter von immer neuen Internetanwendungen wenn nicht ausgeblendet, so doch unterbelichtet.

---

21 www.retailsolutionsonline.com

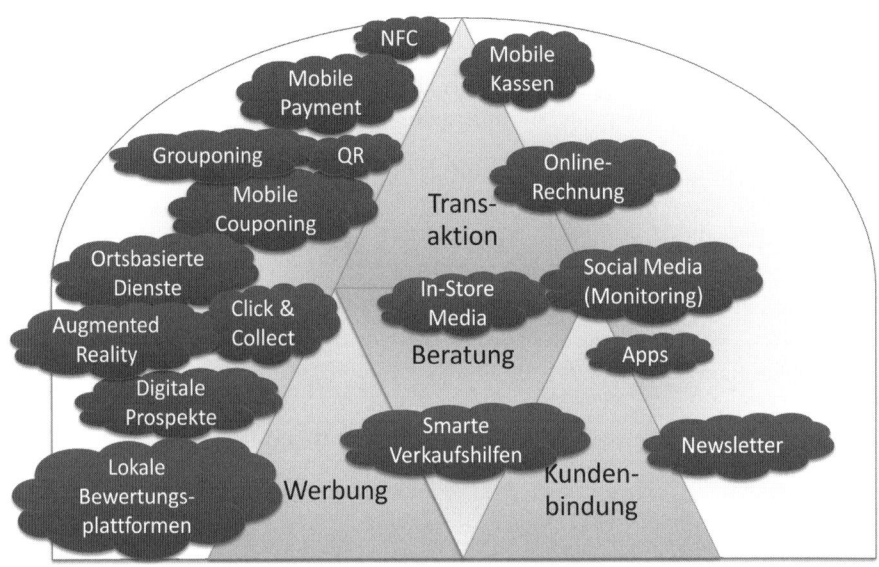

Abb. 4: Es ziehen Wolken auf – Digitalisierung, Internet und der Point-of-Sale

Eine bedarfslogische Ausrichtung von Zukunftstechnologien hat aber den Konsumenten und nicht die Technik im Fokus. Für Händler heißt das konkret: Eine iPhone-erprobte Generation mit hoher Affinität zu smarten Internet- und Medienanwendungen muss heute für den Point of Sale gewonnen werden. Hierbei geht es gerade nicht um wohlfeile technische Spielereien. Der Mehrwert muss spürbar beim Kunden ankommen – sei es durch eine schnellere Abwicklung an der Kasse, bessere Produktberatung, mehr Service oder schlicht und ergreifend durch mobile Coupons. An nahezu allen innovativen Prozessen des Werbens, Verkaufens und des Verkaufsfolgemanagements ist heute das Internet beteiligt – und es steckt in jeder Hosentasche. Und ich wage folgende gewiss provokante Prognose: Gerade das in jeder Händlertagung gegeißelte Internet wird dem stationären Handel zu neuer Blüte verhelfen.

	Stationär	Online	Mobil (unterwegs)
Kernargument	Haptisches Erlebnis; Inspiration/ Atmosphäre vor Ort	Zeitersparnis, Verfügbarkeit; Sortimentstiefe	Zeitersparnis; Convenience (kontaktloses Bezahlen)
Kaufentscheidungshilfe	Räumlich: Gruppierung nach Kategorien wie Obst & Gemüse, Milchprodukte oder Getränke	Kontextuell: Gruppierung nach Themen wie Fußball, Sofaabend oder Grillen & Chillen; Such-Filter	Räumlich: Navigationshilfe Situativ: Preisvergleich Experimentell: Augmented Reality
Multikanal-Lösung	E-Shop-in-Shop; QR-Shopping; Verfügbarkeitsprüfung des Sortiments in anderen Filialen und Lieferung (»Home-Delivery«)	Online bestellen, vor Ort abholen (»Click & Collect«); online Beratungstermine vereinbaren; digitale Prospekte	7/24-Schaufenster-Shopping; Mobile Couponing; digitale Prospekte; Location-based Services (Check-in); Self-Scanning

Tabelle 1: Stationärer Handel und digitale Kanäle befruchten sich gegenseitig

Kunden informieren sich zunehmend online, um dann in einem stationären Laden Produkte zu kaufen. Gewiss auch werden wichtige Informationen und Markenvertrauen am Point of Sale eingeholt, um dann im Online-Shop den Kaufabschluss zu tätigen. Geschäfte um die Ecke können auf ihren Vertrauensvorschuss gegenüber »anonymen« Online-Shops gerade auch im E-Commerce bauen. Für stationäre Händler mit E-Shop-Anbindung sind die positiven Effekte des Multi-Channeling bereits hinreichend belegt.

Der aktuelle »Branchenreport Internethandel« des Kölner Instituts für Handelsforschung IFH beziffert die Wechselwirkungen zwischen Online- und Offline-Konsumwelt für 2011 auf annähernd 16 Milliarden Euro, rund 4,5 Milliarden Euro tragen Smartphones bei (vgl. Heinick 2012). Studienautor Hansjürgen Heinick bekräftigt gar, dass die »Kanibalisierungseffekte im stationären Handel durch den Internethandel« bis jetzt noch gering seien. »Viel interessanter und wichtiger« sei, »dass stationäre Händler mit eigenen Online-Shops vor allem auch stationär profitieren.«

Sofa-Commerce: Warum »mobil« nicht gleich »unterwegs« bedeutet

Wenn Sie in diesem Buch die Beschreibung »mobile Endgeräte« allzu strapaziert finden, dann liegen Sie mit Ihrer Skepsis womöglich richtig – zumindest wenn es sich um die Nutzung von Tablet-Computern handelt. Denn zahlreiche Untersuchungen weisen mittlerweile darauf hin, dass die neuen smarten Touchscreens allenfalls mobil zwischen Küche, Wohnzimmer und Arbeitsplatz genutzt werden, also nicht unterwegs. Ein Großteil der Nutzer geht nämlich hierzulande über einen stationären W-LAN-Internetanschluss und nicht etwa über UMTS mit iPad & Co. ins Netz. Der Dienstleister für mobile Shopsysteme MoVendor fand gar heraus, dass nur etwas mehr als 50 Prozent der Smartphone-Zugriffe auf Online-Shops tatsächlich von unterwegs erfolgen (vgl. MoVendor 2012).

Wenn von Mobile Shopping die Rede ist, dann werden statistisch Smartphones und Tablets oftmals gleichgesetzt. Dies führt mitunter zu Verzerrungen, die Mobile-Marketing-Verantwortliche immer im Auge haben sollten. Die Nutzungsumgebung von mobilen Endgeräten kann durchaus das gemütliche Sofa zu Hause sein. Selbst das Einlösen von Coupons über das Smartphone muss, wie das Beispiel Payback (siehe Kapitel 3/Mobile Couponing) zeigt, nicht zwingend von unterwegs oder am Point of Sale erfolgen. Und digitale Prospekte, wie sie die Unternehmen kaufDA und MeinProspekt für Smartphones und Tablets aufbereiten, werden sicherlich zuvorderst in den eigenen vier Wänden studiert. Auch wenn zuweilen von Kunden berichtet wird, die Verkäufern iPads statt Flyer unter die Nase halten, um sich den Weg zum Regal der Sonderangebote sagen zu lassen.

Die Kraft des mobilen Marketings im Sinne der Ansprache von Kunden unterwegs entfaltet sich vor allem in folgenden Zusammenhängen:

- Instore-Navigation und Store-Finder (siehe Kapitel 2/Gesucht/gefunden)
- Ortsbasierte Dienste und Check-in-Modelle (siehe Kapitel 3/Check-in)
- Mobile Payment und Self-Scanning (siehe Kapitel 5/Mobile Payment)
- QR-Code-Einsatz und Augmented-Reality-Kampagnen (siehe Kapitel 4)

Retail ist cool: Warum Amazon, Google & Co. stationären Anschluss suchen

Es scheint paradox. Aber mittlerweile suchen selbst die Internetriesen nach Sichtbarkeit in der Fußgängerzone. Es war nur eine Frage der Zeit, bis sie jenseits ihrer ausladenden Headquarter und Logistikzentren auch in der Fußgängerzone und in Outlet-Zonen auf physische Präsenz setzen.

Die Beweggründe mögen nicht immer die gleichen sein, ein Trend allerdings zeichnet sich ab: Die Händlermarke vor Ort schafft Vertrauen und ist elementarer Bestandteil eines unterscheidungskräftigen Servicekonzeptes der einstigen Pure Player. Der Wettbewerb um Online-Kunden wird künftig also auch stationär geführt werden.

- **Die EBay Boutique als Testlabor für Mobile Commerce:** Schon 2011 verblüffte EBay die E-Commerce- und Handelsszene mit einem Pop-up-Store in London. Die EBay Christmas Boutique[22] poppte Anfang Dezember in Soho auf. Und weil EBay – vor allem aber die Tochtergesellschaft PayPal – in Sachen »QR-Shopping« (siehe Kapitel 5/M-Commerce) zu diesem Zeitpunkt noch Marktforschung am offenen Herzen betrieb, konnten die Produkte aus dem Schaufenster auch mobil erstanden werden. Der Platzhirsch, der ja schon lange kein reines Auktionshaus mehr ist, landete damit einen außerordentlichen PR-Coup.

- **Zalando in echt – Outlet-Store mit Zugangsbeschränkung:** Zalando eröffnete im März 2012 seinen bisher einzigen Outlet-Store[23]. Die Eröffnung der 800 Quadratmeter großen Filiale auf zwei Loft-Etagen verlief allerdings holprig. Konkrete Baumaßnahmen sind eben keine Website, die auch in »Beta« online gehen kann. Und so vertröstete Zalando die heißhungrigen Schnäppchenjäger auf der Facebook-Fanseite des Outlet-Store mit einem Wartegutschein für die Zalando Online-Lounge. Hier sind sie wieder, die Multikanal-Experimente. Marketingtechnisch interessant ist aber durchaus, dass Zalando den Zutritt zum Outlet mit Kundenkarten, sogenannten »Outlet Cards«, exklusiv hält – oder damit zumindest den Anschein von Exklusivität erweckt. Dies erinnert sehr an Shoppingclub-Modelle, wie sie seit geraumer Zeit etwa von vente-privee.com oder brands4friends rein online umgesetzt werden (vgl. Haderlein/Krisch 2008, S. 53). Strategisch bedeutsam dürfte sein, dass Retouren aus dem mitunter schwierigen Versandgeschäft im Outlet-Store stark reduziert und nett drapiert feilgeboten werden können. Immerhin verzeichnete Zalando im Geschäftsjahr 2010 noch 20 Millionen Euro Verluste. Werden wir in fünf Jahren gar lesen, dass der gebürtige Pure Player das defizitäre Distanzgeschäft mit einer stationären Ladenkette auszugleichen suchte?

- **Pop-up-Store für die eigene Kollektion:** Aber auch an anderer Stelle pflegt Zalando Berührungspunkte zum stationären Handel. Ebenfalls im März 2012 wurde in einem Pop-up-Store in der Weinmeister Straße in Berlin Mitte die erste eigene Zalando Collection verkauft.

---

22 http://boutique.ebay.co.uk
23 www.zalando.de/outletstore

- **Workshop-Location für Coupon-Dienst:** LivingSocial ist der engste Konkurrent der Schnäppchenplattform Groupon in den USA. Es hat in Washington D.C. eine Art Showroom und Workshop-Location angemietet, um lokalen Dienstleistern die Durchführung ihrer Angebote zu ermöglichen – seien es Yogastunden, Mal- oder Kochkurse. Die Intention ist klar: größere Räume, mehr Teilnehmer – und Dienstleister, die keine eigenen Räume zur Verfügung haben. Aber natürlich ist »918 F Street«[24], wie die Örtlichkeit heißt, auch ein Branding-Tool für LivingSocial.

Bricks & Clicks Innovation
Vom Online-Store zum stationären Guideshop: Bonobos' Multikanal-Strategie

Der E-Tailer Bonobos gehört zu den servicefokussiertesten E-Commerce-Unternehmen für Herrenmode. Das US-amerikanische Unternehmen hat nun den Schritt an den Point of Sale, oder besser: Point of Service, gewagt und überzeugt auch hier mit einem innovativen Konzept. Denn in sogenannten Guideshops können sich Kunden von engagierten Mitarbeitern zur aktuellen Kollektion, zu Passform, Stil und Farbe sehr persönlich beraten lassen.
Aber damit nicht genug. Die Modeberater nehmen sich für jeden Kunden 45 Minuten Zeit. Das ist individueller Service auf höchster Ebene. Termine werden natürlich über die Website von Bonobos vereinbart. Ein Terminplaner ist schnell und einfach zu bedienen. Der Kunde sucht sich freie Slots für seinen Besuch in einem der Stores in New York und Boston aus.
Männer haben andere Shopping-Bedürfnisse als Frauen. Auch darauf findet Bonobos eine adäquate Antwort. Denn am Point of Sale stehen keine Wühltische und Übersichtlichkeit ist Trumpf. Der Auswahlprozess wird durch ein klares Instore-Layout so schlank wie möglich gehalten.
Die Stores sind relativ klein, was zu einer ansehnlichen Flächenproduktivität führt. Gegenüber den Trendforschern von PSFK sagte Geschäftsführer und Gründer Andy Dunn: »Unsere Guideshops müssen Sie sich eher als E-Commerce Showroom vorstellen denn als traditionelles Einzelhandelsgeschäft.«
Neun von zehn Kunden, die zu einer Shop-Verabredung kommen, kaufen tatsächlich Ware ein. Und – wie sollte es anders sein – diese wird kostenfrei nach Hause geliefert.
Bonobos hat erkannt, dass Customer Experience vor allem stationär stattfindet. Freilich ist man mit den Guideshops noch in der Test- und Lernphase. CEO Andy Dunn scheint sich allerdings seiner Sache gewiss zu sein: Eine konsistente, das heißt offline und online gleichermaßen gelebte Servicesprache ist ein Alleinstellungsmerkmal im Multi-Channel-Commerce.

---

24 https://reservations.livingsocial.com

- **Hardware-anfass-Buden:** »Googley« Stores sollen es werden[25], welche die meistgenutzte Suchmaschine der Welt in der globalen Einzelhandelslandschaft platzieren will. Begonnen hat man schon im Oktober 2011, seit dem eine 285 Quadratmeter große »Chromezone« in einer Filiale von PC Currys und PC World auf der Londoner Tottenham Court Road zu begehen ist. Und natürlich geht es um den Abverkauf des Chromebook. Shop-in-Shop war hier noch das Prinzip. Das Nachrichtenportal Bloomberg kolportierte wiederum, dass Google im irischen Headquarter einen Stand-alone-Store eröffnen will. Auch einschlägige Handelsexperten wie Olaf Kolbrück vom etailment-Blog[26] wollen nicht recht daran glauben, dass Google es bei Merchandise-Produkten in den Regalen belässt. Außerdem könnte Google ab November 2012 wieder verstärkt auf den direkten Verkauf seiner neuen Nexus-Geräte setzen, die dann mit dem hauseigenen Betriebssystem Android »Jelly Bean« bestückt sind. Die Retail-Offensive von Google ist als Antwort auf Apple und Microsoft zu werten, die ihrerseits – der eine mehr, der andere weniger erfolgreich – Brand- und Flagship-Stores betreiben beziehungsweise abkupfern. Insofern ist es also einer jener symbolischen Paukenschläge, die Google so exzellent beherrscht. Denn keiner klagt, wenn Google-Experimente scheitern (siehe diverse Rohrkrepierer von Google-Diensten). Und von Apple lernen heißt auch, nicht die gleichen Fehler zu begehen. Denn schlechte Arbeitsbedingungen gibt es auch in Apple Stores. In der Münchener Filiale wurde Anfang 2012 ein Betriebsrat gegründet.

- **Das Starbucks für Kindle-Ratten:** Wer einmal ein Logistikzentrum des E-Commerce-Giganten Amazon von innen gesehen hat, der will es einfach nicht glauben. Aber es ist wahr. Auch Amazon hat stationäre Ambitionen. So will man in Seattle einen Store eröffnen, heißt es in Branchenkreisen. Es wäre der logische Schluss aus den bisherigen strategischen Bemühungen aus dem einstigen Online-Buchhändler einen Verlag zu machen, der nicht nur E-Books verlegt und verkauft, sondern die dazugehörigen Lesegeräte als Abverkaufshilfe unters Volk bringen muss. Besonders interessant beim retailwilligen Amazon ist die Tatsache, dass der stationäre Buchhandel seit Langem sich nur noch mit Cross-Selling in Richtung Non-Books, Spielzeug und Nippes über Wasser halten kann. In Deutschland werden schon jetzt nur die Hälfte aller Bücher im Laden gekauft. In der *Welt kompakt* vom 9. Februar 2012 war treffend zu lesen: »Wenn Amazon (…) mit seiner Idee Erfolg hat, wird die Buchhandlung der Zukunft viel mehr ein neuer Media Markt sein, der in erster Linie Gadgets verkauft: E-Reader und Zubehör. Und, als Accessoire, auch was zu lesen bietet.«

---

25 www.standard.co.uk/news/googles-first-store-pops-up-in-london-6448959.html
26 http://etailment.de/2012/google-auf-dem-weg-zum-retailer/

- **Full-Service braucht die stationäre Bodenhaftung:** Vor lauter Aufregung um die Retail-Ambitionen von Amazon und Google gerät fast in Vergessenheit, dass ein Unternehmen aus Sarstedt schon verhältnismäßig lange auf Face-to-Face-Kundenkontakt setzt: Seit 2010 ist »Deutschlands größter Online-Shop«, so die Selbstbeschreibung, in der Münchner Seidlstraße vertreten. Das äußerst erfolgreiche Unternehmen ist die notebooksbilliger.de AG. Und auch die Druckspezialisten von Flyeralarm haben triftige Gründe, mittlerweile sieben stationäre Bastionen in Deutschland zu unterhalten (Stand: Mai 2012). Faustregel: Wer sich Bandenwerbung in Fußballstadien leisten kann, den ruinieren Mieten in B-Lagen mit Sicherheit nicht. Auf dem Weg zum Full-Service-Dienstleister ist stationär der wichtigste Ankerpunkt. Dies gilt vor allem für das ambitionierte Druckunternehmen aus Würzburg, das mittlerweile nicht nur Flyer ausliefert, sondern auch bei der Gestaltung und Verteilung mitverdienen will.

Aus Online-Kundensicht sind stationäre Shops von E-Commerce-Unternehmen aus vielerlei Gründen interessant:

- Sie sind Abholzentren – mitunter in besserer Lage als die Filialen von Paketdienstleistern.
- Sie sind sichere Inkassostellen für datensensible Online-Kunden.
- Sie fangen Beschwerden auf. Kunden können sich bei Reklamationen direkt an das Servicepersonal wenden, statt in einem Call-Center zu landen.
- Vor allem für Internetunternehmen wie Google und Amazon sind sie der wichtigste Baustein einer Retail-Branding-Strategie. Sie helfen, die Markenloyalität zu steigern, eine konsistente Servicesprache zu entwickeln und Vertrauen in die Marke aufzubauen. Ein Vertrauen, das zurück in das reine E-Commerce-Geschäft wirken soll.
- Und letztlich sind sie symbolisch stark aufgeladene Bühnen für die Präsentation neuer Geräte, die Kunden nicht nur bewundern, sondern auch anfassen und testen können.

Bricks & Clicks Szenario
Amazon – das Starbucks der postpapiernen Lesekultur

Noch werden ca. 80 bis 90 Prozent des Einzelhandelsumsatzes offline generiert, 60 bis 80 Prozent der Kaufentscheidungen werden am Point of Sale getroffen – auch wenn es erhebliche produktspezifische Unterschiede gibt. Und die E-Commerce-Umsätze der Online-Riesen stehen – zumindest noch – in keiner Relation zu den Quadratmeterzahlen der handfesten Shops.
Auch Vorreiter Apple hat schon die Erfahrung machen müssen, dass die Investition in Stores ein zweischneidiges Schwert sein kann. Man braucht immer wieder »Gassenhauer-Produkte« und Bestseller, die Frequenz und Pro-Besucher-Umsatz steigern. Apple fällt das mit seinen Kult-Gadgets sowie mit weltweit über 360 Stores in Bestlagen und 250 Millionen Besuchern jährlich beileibe nicht schwer. Selbst die Beratung vor Ort, an der Theke der »Genius Bar«, genießt mittlerweile Kultstatus. Aber wie viel Kultpotenzial hat Amazon?

Amazon ist zuzutrauen, einen Ladentypus zu installieren, der nicht nur Trends folgt, sondern setzt:

- **Amazon könnte mit stationären Auftritten zum »Third Place«, zu einem Starbucks für Kindle-Nutzer werden** – eine Bühne der post-papiernen Leseunterhaltung und ein Sprachrohr der (digitalen) Leseförderung. Der stationäre Shop würde in diesem Falle auch als PR-Vehikel fungieren.

- **Amazon würde so auch den öffentlichen Bibliotheken und ambitionierten inhabergeführten Buchläden ihr ureigenstes Territorium streitig machen: Kultur.** Die »Bühnifizierung« von Einzelhandelsflächen zählt ohnehin zum Set veritabler Maßnahmen der Kundenbindung. Marc O'Polo etwa verwandelte im März 2010 seine Stores kurzerhand in einen Veranstaltungsort für Lesungen: Prominente Schauspieler lasen in ausgewählten Marc O'Polo-Stores in Deutschland aus ihren Lieblingsbüchern. Künftig platziert man am Ausgang noch ein paar Kindle-Geräte als Give-aways.

In erster Linie haben Stores mit Erfahrung zu tun: Marken- und Produkterfahrung. Sie sind das ideale Branding-Instrument – sichtbar, fühlbar, erlebbar. Und gerade angesichts zunehmender Virtualisierung ist der begehbare Shop ein sozialer Ort, ein Ort der Begegnung. So werden die Ladenlokale der Internetgiganten zumindest bunte Farbkleckse in der Retail-Landschaft hinterlassen, nach denen sich Shopper die Finger lecken.

In meiner Publikation *Sales Design* habe ich diesen Trend in Ladenbau und Shop-Dramaturgie folgendermaßen beschrieben:

> *»Hat der Concept Store bisher vor allem die Grenze zwischen Boutique, Warenhaus und Galerie aufgebrochen, werden in Zukunft Verkaufsräume und Stores noch stärker die Schnittstelle zwischen Treffpunkt und Einzelhandel, Socializing und Verkauf, Community und Marke sein. Starre Öffnungszeiten sind in diesen Läden tabu.« (Haderlein 2009, S. 55).*

Das Internet ist ein »Nahmedium« – und das Branchenbuch der Zukunft

Einen wichtigen Anhaltspunkt für die Bedeutung des Internets als lokaler Informationsträger liefert der Blick auf die Positionierung der wichtigsten Internetunternehmen in diesem Umfeld. »80 Prozent des Einkommens werden im Umkreis von 8 Kilometer von zu Hause ausgegeben«, sagt Marissa Mayer, Vice President für lokale Dienste bei Google. Die Gesellschaft für Konsumforschung (GfK) spricht von 73 Prozent der Konsumenten, die im Internet nach lokalen Dienstleistern suchen. Für Google Places wirbt der Suchmaschinenriese gar mit der Behauptung, 97 Prozent der Konsumenten würden Infos zu lokalen Unternehmen online einholen. Welche Zahlen man auch heranziehen mag, eines ist klar: Das Branchenbuch der Zukunft ist digital.

Der mächtige Konzern hat nicht ohne Grund in der letzten Zeit viel Geld in den Ausbau der lokalen Dienste gesteckt. Der lokale Werbemarkt wird als eine der lukrativsten Erlösquellen der Zukunft gehandelt. Yelp[27], das US-amerikanische Vorbild der lokalen Bewertungsplattform Qype, lehnte sogar ein Übernahmeangebot in Höhe von 550 Millionen US-Dollar durch Google ab. Immerhin 125 Millionen US-Dollar legte Google dann für die Restaurantbewertungsseite Zagat[28] auf den Tisch. Ende Mai 2012 führte der Suchmaschinenriese in seinem sozialen Netzwerk Google+ die Rubrik »Local« ein, in der nicht nur Tipps von Freunden zu örtlichen Geschäften zu finden sind, sondern auch die Daten aus Zagat und die kompletten Google-Places-Einträge. Der Social-Media-Experte Philipp Steuer ordnet die Bedeutung dieses Schrittes folgendermaßen ein: »Lokale Unternehmen [sollten] schon jetzt einen verstärkten Fokus auf ihre dortige Präsenz legen, denn in Zukunft wird kaum ein Weg an Google+ Local vorbeiführen.« (Steuer 2012, S. 5)

Yelp indes kooperiert seit Kurzem mit der Microsoft-Suchmaschine Bing[29], die ihrerseits versucht, die Suchergebnisse mit lokal relevanten Empfehlungen für Restaurants, Dienstleister, Hotels und Shops anzureichern. Und auch Apple kämpft mit harten Bandagen und hat unlängst Google Maps aus seinem Be-

---

27 www.yelp.com
28 www.zagat.com
29 www.bing.com

triebssystem iOS6 für Smartphone und iPad verbannt. Bei der aktuellen Karten-Applikation kooperiert auch der Hardware-Hersteller mit Yelp – ein Frontalangriff gegen Google.

Weitere Indizien für die lokale Kraft des Internets:

- Lokale Anzeigenblätter und Online-Ableger von Tageszeitungen haben längst auch ihre Informationsangebote im Internet und vermarkten entsprechende Werbeplätze für ortsansässige Unternehmen. Die Seite des Online-Pure-Players »Tegernseer Stimme«[30] etwa wird von einem lokalen Autohaus präsentiert.

- Couponing-Dienste wiederum punkten vor allem gerade dann, wenn sie regional ausgerichtet sind.

- Die »Freunde« aus den sozialen Netzwerken, mit denen wir am meisten online kommunizieren, rekrutieren sich zu einem Großteil aus der uns umgebenden Realwelt: Arbeitskollegen, Vereinskameraden, Mitschüler, Kommilitonen, ja selbst Familienmitglieder etc. Genau darauf bauen Dienste wie Google+, wenn sie Empfehlungen zu Geschäften und Restaurants von Freunden in den Vordergrund stellen anstatt von »fremden« Menschen.

- Geotargeting gilt in Marketingkreisen als das nächste große Ding. Schon heute können Google-Anzeigen ortsbezogen geschaltet werden. Darauf setzt beispielsweise das Online-Medium »Spiegel online«. Und selbst die Ausrichtung von Internetwerbung nach dem gegenwärtigen Wetterstand (Regen im Norden, Sonne im Süden Deutschlands) ist keine Zukunftsmusik mehr. So findet etwa Gummistiel-Werbung noch treffsicherer eine interessierte Zielgruppe. In Verbindung mit der mobilen Internetnutzung durch Smartphones verringert sich der zeitlich-räumliche Abstand zwischen digitaler Werbebotschaft und Point of Sale um ein Vielfaches.

- Mit dem Dienst »radcarpet«[31] steht hierzulande das nach eigenen Auskünften »erste ortsbasierte Werbenetzwerk« in den Startlöchern. Es ermöglicht, ortsbasierte Werbung mittels Geotargeting bis zu 10 Metern genau auf Smartphone-Browser auszuliefern. Couponing wird hier eine Schlüsselrolle spielen, wenn es um die Konversion des Passanten zum Store-Besucher geht. Nicht ohne Zufall ist redcarpet ein Produkt der Servtag GmbH, die seinerzeit auch die Couponing-Applikation »Dealomio« entwickelt hat.

---

30 www.tegernseerstimme.de
31 www.radcarpet.de

Das Internet ist also kein Teufelswerk der Globalisierung und weltweiten Vernetzung. Im Gegenteil. Es ist ein Nahmedium im wahrsten Sinne des Wortes. Es ist uns nah, weil wir es immer häufiger in der Hosentasche mit uns herumtragen, und es baut eine neue Nähe zur uns umgebenden Konsumwelt auf. Relevanz erzeugt, was nahe ist, emotional aufgeladen und einen Mehrwert verspricht – diese Regel gilt immer mehr auch für die Positionierung von stationären Händlern im Netz.

Praxistipp
Wie Sie Ihre Online-Präsenzen mit wenig Aufwand optimieren

Das Internet ist immer 1a-Bestlage. Deshalb ist es wichtig, mit korrekten Daten auf einschlägigen Plattformen wie Qype oder Google Maps vertreten zu sein. Dies betrifft unter anderem Adresse, Öffnungszeiten, korrekte Telefonnummer und ansehnliche Bilder vom Shop.

Regionalisierung: Der Gegentrend zur globalisierten Geschäftswelt

Man muss die lokale Bedeutung des Internets in einem größeren Kontext sehen. Und dieser heißt Regionalisierung. Dort, wo man auf die immer gleichen, austauschbaren Einkaufsmeilen dieser Republik trifft, ist die Beschwerde über Gleichmacherei und Identitätsverlust der Innenstadt nicht weit. Aber die Marketing-Avantgarde hat längst erkannt: Lokalkolorit ist nicht nur ein Verkaufsetikett, sondern die hohe Kunst des Führens einer »Schwarmmarke«. Einige Beispiele:

- **»Ein Starbucks, der kein Starbucks ist«:** Nur wenige Gastro-Konzepte der jüngeren Geschichte brachten Globalisierung derart auf den Punkt wie das wachstumsstrategische Projekt Starbucks. Mittlerweile liegen Starbucks-Bohnen im Supermarktregal und kaum eine Top-Lage dieser Welt kommt ohne das markante Logo aus. Aber auch der Kaffeehaus-Revolutionär hat erkannt, dass die lokalen Bezüge am Standort sowohl im Store Design als auch im Markengesamtauftritt eine immer wichtigere Rolle spielen. Im März 2012 eröffnete die Kaffeehauskette Starbucks in Amsterdam[32] einen neuen 430 Quadratmeter großen Konzept-Store im »hyper-lokalen« Design. Das »Laboratory« für Kaffeekultur ist der erste Versuch in Europa, die kulturelle

---

32 www.thebankamsterdam.nl/nl/huurders/starbucks

Identität des Landes derart in den Vordergrund zu stellen. Weitere könnten folgen. Schon 2009 gab der Gastro-Riese, der weltweit über 17.000 Coffee-Shops betreibt (Stand: Oktober 2011), den Startschuss zu einer neuen Filialphilosophie. In Seattle wurde ein »Neighborhood coffee shop« eröffnet. »Ein Starbucks, der kein Starbucks ist«, titelte damals die *Business Week* in der Berichterstattung über das bewusst unperfekt und mit Prenzlauer-Berg-Charme ausgestattete Kaffee- und Teehaus.

- **Re-Branding einer Institution:** Ganz nebenbei werden traditionsreiche Gattungen wie der Naturkostladen in einen ökosozial ausgerichteten »Regionalwarenladen«[33] umgewandelt.

- **Local-Glamour-Shops:** Gutes aus der Nähe muss nicht immer nur das Bio-Lebensmittel sein, sondern gerne auch Design. Angesichts der Globalisierung von Wirtschaftskreisläufen und Gleichmacherei in der Produktwelt wächst gleichzeitig die Aufmerksamkeit für wertvolle Dinge aus der Heimat, dem Kiez, der Region. Ob Souvenirgeschenk oder Impulskauf, ob Klamotte oder Schmuck – nach der grauen Mittelklasseware aus dem Kaufhaus kommt nun das Local-Glamour-Produkt. »aus Berlin«[34] etwa verkauft, wie der Name schon sagt, ausschließlich Produkte aus Berlin und Umgebung oder Produkte mit einem Bezug zur Hauptstadt. Der Multikanal-Händler Hessen-Shop[35] mit zwei Filialen in Frankfurt am Main führt ein breites Sortiment an Geschenkartikeln, Büchern, aber auch Süßwaren und Getränke, die ausschließlichen Bezug zur Heimat von Apfelwein, Geripptes & Co. herstellen.

Oben genannte Beispiele sind sortimentsbezogen und – im Falle von Starbucks – lediglich erste Zeichen für ein strategisches Umdenken in Retail-Strategien. Und klar ist auch: Architektonische Bezüge zur Kultur des jeweiligen Landes oder Stadtviertels in jedem Starbucks-Store herzustellen ist natürlich ökonomischer Unsinn und sicher nicht das Ziel von Starbucks. Die Marken-Message aber ist klar: Starbucks will sich stärker in der lokalen Community verankern. Und mit kleinen Live-Konzerten, Poetry-Slams und handbetriebenen statt automatischen Espressomaschinen will man der wachsenden kreativen Gastro-Konkurrenz in nichts nachstehen. Im Kern ist dies eine dezentrale Markensteuerung, für die auch das Konzept »Local Branding« steht und das neben klassischen Werbekanälen künftig immer mehr auch die digitalen Kommunikationskanäle einschließen muss.

---

33 www.kleeblattlaeden.de
34 www.ausberlin.de
35 www.hessen-shop.com

Local Branding: Die wachsende Bedeutung der Händlermarke vor Ort

Dezentrale Kundengewinnungsstrategien sind gerade angesichts der steigenden Internetnutzung bei Kaufentscheidungen wichtige Hebel, den vernetzten Kunden zu erreichen – solange die Werbemaßnahmen stimmig orchestriert sind, aber vor allem für jeden Shopbetreiber oder Dienstleister einfach zu handhaben sind.

Denn klar ist: Friseure, Versicherungsagenten oder Franchiseshop-Betreiber haben meist weder das Know-how noch die nötige Zeit oder qualifiziertes Personal, um sich professionell mit allen erdenklichen Formen des Dialogmarketings und lokalen Werbemaßnahmen auseinanderzusetzen. Nicht selten etwa schaden dilettantische, mitunter gar rechtswidrige Aktionen und grafische Exzesse einer Dachmarke, die aber wiederum von ihren Vertriebspartnern vor Ort die nötige Eigeninitiative abverlangt.

Nun aber, da intelligente Online-Portale und einer intuitiven Bedienung über den Internetbrowser am Markt sind, muss die lokale Anpassung von Dialog- und Werbemaßnahmen nicht mehr eine Konfrontation mit der zentralen Markenführung provozieren. Local Branding heißt dieser Ansatz und er schafft sowohl eine größere Marktnähe als auch eine höhere Zielgruppenrelevanz.

Im Ergebnis weisen lokale Werbeaktivitäten nämlich weniger Streuverluste auf als die Above-the-line-Klassiker wie nationale TV-Spots und Zeitungskampagnen. Außerdem lassen sich lokale Werbeanstrengungen, wie sie über Local-Branding-Portale abrufbar sind, auf die Etats der Vertriebspartner zuschneiden. Damit löst man sich von allzu strengen Budgetierungen des lokalen Werbetopfs.

- **Im Local-Branding-Portal »Mein lokales Marketing«**[36] **der ERGO Versicherungsgruppe** tummeln sich fast 18.000 Vermittler [Stand: Juni 2012]. Es steht ihnen zur Erstellung ihrer individualisierten Werbemittel im Corporate Design der Dachmarke zur Verfügung. Von der Anzeige über das Großplakat und Kinospots bis hin zur Bandenwerbung im regionalen Fußballverein – der lokale Absatzmittler bestimmt ganz allein, wie, wo und wann er seine Zielgruppe ansprechen will.

- **Local-Branding-Service für Zahnärzte:** (Online-)Marketing und Werbung sind heute auch für Ärzte notwendige Maßnahmen, wenn es darum geht, Patienten zu halten und zu gewinnen. Der Implantatehersteller Dentsply Friadent gibt seinen deutschen B2B-Kunden mit dem Programm »stepps®«[37] ein Werkzeug für Praxismarketing und -management an die Hand. Die Dentsply-

---

36 www.ergo-mein-lokales-marketing.de
37 www.stepps.de

Formel ist einfach: Je besser sich eine Praxis lokal positioniert, desto mehr Patienten kommen in die Praxis und desto mehr Aufträge werden zwischen Arzt und Dentsply Friadent abgeschlossen. Insbesondere bei Ärzten spielt die Online-Positionierung eine immer stärkere Rolle. 98 Prozent der Internetnutzer suchen im Netz nach Gesundheitsinformationen. Patienten tummeln sich auf Bewertungsplattformen und sind letzten Endes nur einen Mausklick vom Wechsel des Arztes entfernt. Das von Marcapo installierte Local-Branding-Portal bietet hinsichtlich der Online-Positionierung zahlreiche Optionen: vom Online-Video über Kampagnenschaltungen mit Google AdWords bis hin zur Positionierung in Empfehlungsseiten. Marcapo arbeitet hier unter anderem mit dem Dienstleister für lokale Internetwerbung, der RegioHelden GmbH, zusammen (siehe Kapitel 2/Gesucht/gefunden).

Bricks & Clicks Innovation
Marcapo – Local-Branding-Portale als effiziente Vermittler zwischen Dachmarke und Vertrieb vor Ort

Kaum ein Unternehmen in Deutschland hat sich in Sachen dezentraler Werbung spitzer positioniert als der Dienstleister für strategische lokale Markenführung und Marketing-Prozessmanagement Marcapo[38]. Das Unternehmen aus dem unterfränkischen Ebern ist Experte, wenn es darum geht die Kommunikations- und Marketingziele von Herstellern oder Dachmarken mit den geschäftlichen Anforderungen des Intermediärs vor Ort – Händler genauso wie Dienstleister – intelligent und effizient zu verknüpfen.

Und so stehen bei den Dienstleistungen von Marcapo die lokalen Absatzpartner – seien es Versicherungsvermittler, Franchisenehmer oder Vertriebspartner – im Mittelpunkt des Interesses. Denn sie sind es, die am Ende des Tages verkaufen, Klienten gewinnen oder Kunden zufriedenstellen müssen. Sie sind die Markenbotschafter der Industrie und Konzerne vor Ort. Von der Verkaufsförderung über individualisierte Out-of-Home-Werbung bis hin zur eigenen Website – die Local-Branding-Portale von Marcapo machen es den lokalen Vertriebspartnern einfach, sich individuell am Markt vor Ort zu präsentieren.

Marcapo kann dabei auf einen reichhaltigen Erfahrungsschatz mit Kunden aus den Bereichen Franchise, Verbundgruppen, Handwerk, Handel und Versicherungen zurückgreifen. Und auch Marcapo hat erkannt, dass neben Print-Mailings und Plakatwerbung vor allem das Internet immer stärker als Kommunikationskanal eine Rolle spielt.

---

38 www.marcapo.com

Schlüsselfaktoren eines erfolgreichen Local Branding für Filialisten und Franchisegeber

- **Einfacher als Amazon:** Local-Branding-Portale müssen einfach wie ein Online-Shop bedienbar sein. Nur so akzeptiert auch der verschrobenste Vertriebspartner die Serviceleistung als »digitale Gewohnheit«.

- **Fifty-fifty:** Machen Sie Ihren Vertriebspartnern deutlich, dass Sie mit Ihnen gemeinsam gewinnen wollen. Eine paritätische Kostenverteilung hat auch einen psychologischen Effekt – und minimiert ungenügend durchdachte Werbespendings des Partners.

- **Lokales Engagement überzeugt:** Ein Händler wird heute nicht allein aufgrund seiner Produkte im Regal beurteilt, sondern nach seinem ganzen Tun und Handeln. Das zunehmend von Verbrauchern eingeforderte Engagement zu mehr ökosozialer Unternehmensverantwortung (Corporate Social Responsibility) kann mit lokal fokussierten Charity-Aktionen überzeugender umgesetzt werden. Local Branding heißt deshalb auch: Lieber für ortsansässigen Kindergarten spenden statt Regenwald retten.

- **Umdenken in der Budgetierung:** Werbung sät, geerntet wird am Point of Sale. Wenn Werbemaßnahmen zudem lokal ausgerichtet sind, wird der Gehalt dieser Weisheit überdeutlich. Also: Eine strenge Budgetierung des lokalen Werbetopfs ist kontraproduktiv. Zapfen Sie notfalls den nationalen Werbetopf an.

- **SoLoMo-Monitoring:** Suchmaschinenoptimierung und Newsletter-Marketing sind bereits geläufige Mittel unter den Local-Branding-Tools. Die Zukunft des Internets ist allerdings sozial, lokal und mobil – das steckt hinter dem Kunstwort SoLoMo. Und kaum ein Händler oder Dienstleister kann die vielfältigen Plattformen – von Qype über Google Places bis hin zu Couponing-Diensten wie Coupies – überblicken, geschweige denn substanziell bedienen. Innovative Local-Branding-Portale müssen hier Unterstützung liefern, seien es Alerts für neue Kundenmeinungen auf den wichtigsten Bewertungsplattformen oder Hilfe bei der Einrichtung von Coupons für Smartphones.

- **Pilotprojekte starten:** Führen Sie Ihr Local-Branding-Portal nicht mit der Brechstange ein und vertrauen Sie auf den Schneeballeffekt. Gewinnen Sie zuerst das Vertrauen einiger Top-Partner.

1. Die zentralen Treiber und Hebel für Bricks & Clicks

Jeweils zwei zentrale Motive stehen sich im »Bricks & Clicks«-Zeitalter gegenüber. Ich nenne sie Treiber aufseiten der Kunden und Hebel aufseiten des Handels.

Auf Kundenseite ist dies die zunehmend über das Internet hergestellte Transparenz hinsichtlich der Bewertung von Produkten, Dienstleistungen, Händlern und Marken. Flankiert ist dieses Motiv des allwissenden Kunden durch die stärkere Vernetzung der Konsumenten untereinander.

Händler auf der anderen Seite reagieren auf diese Treiber mit der Zusammenführung vormals strikt getrennter Warenwirtschaftssysteme. Besonders deutlich wird dieser Wandel an der Zusammenführung des stationären und Online-Sortiments, der die Frage nach der Verfügbarkeit von Produkten völlig neu beantwortet. Ein weiterer Hebel, den kundenseitigen Treibern zu begegnen, ist die Armierung des Verkaufspersonals mit mobilen Endgeräten als Reaktion auf eine steigende »Shopping Literacy«. Dies schließt selbstredend eine steigende Mediennutzungskompetenz des Verkäufers mit ein.

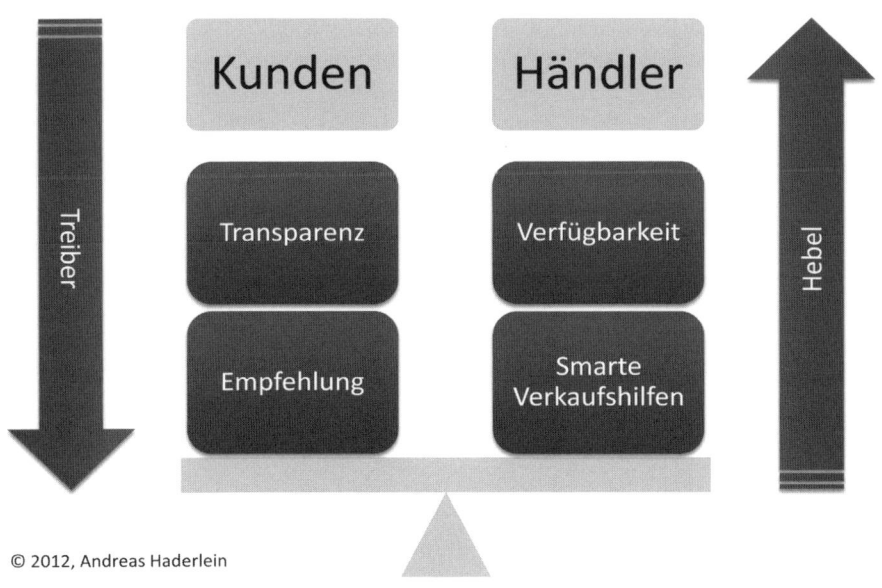

© 2012, Andreas Haderlein

Abb. 5: Die Treiber für Bricks & Clicks

Transparenz: Der allwissende Kunde

Die steigende Online-Affinität von Shoppern verändert fundamental auch deren Blick auf den Point of Sale. Im Zeitalter des internetgetriebenen Handels sind Kunden besser informiert als jemals zuvor. Sie nutzen einerseits Barcode-Scanning-Apps wie barcoo[39], um Zusatzinfos wie Nährwerte, Testberichte und Angaben zur ökosozialen Unternehmensverantwortung eines Herstellers geliefert zu bekommen, andererseits aber auch um eine größtmögliche Preistransparenz am Point of Sale zu erhalten. Preisvergleich ist keine alleinige Domäne mehr des E-Commerce, seitdem das Internet in jeder Tasche steckt.

Erstaunlich ist auch die Reaktionsgeschwindigkeit und Innovationsbereitschaft, mit der junge Start-ups wie die barcoo-Betreiberin checkitmobile GmbH ans Werk gehen. So erweiterte barcoo angesichts des letzten Dioxin-Skandals Anfang 2011 seine Features. App-Nutzer konnten sich dann nicht nur anhand einer Nachhaltigkeitsampel über die Sozialverantwortung eines Herstellers informieren, sondern über den Herkunfts-Code auf dem Frühstücksei auch Gewissheit über eine mögliche Dioxinbelastung bekommen. Man griff hier auf die Datenbestände der Verbraucherzentrale Hamburg zurück. Dieser Service hievte die App sogar auf Platz 1 der Download-Charts für kostenfreie Applikationen im Apple iTunes Store.

Preisvergleich und tiefe Produktbewertung

Aber damit nicht genug. Bereits im Mai 2011 integrierte barcoo weitere wichtige Informationen in Sachen Eierproduktion. In Kooperation mit dem Verein für kontrollierte alternative Tierhaltungsformen e.V. (KAT) wurden weitere detailreiche Hintergrundinfos zur Situation in den Legehennenbetrieben hinzugefügt – einschließlich Fotos der Hühner und der Stallsituation. Und ein Jahr später, seit dem Osterfest 2012, zeigt die barcoo-App sogar an, ob Eier in Lebensmitteln wie Nudeln und Backwaren aus käfigfreier Tierhaltung stammen. Möglich ist dies durch die Zusammenarbeit mit der Kampagne kaefigfrei.de, die von der *Albert Schweitzer Stiftung für unsere Mitwelt* initiiert wurde.

Mittlerweile verzeichnet der größte Produkt-Guide Europas nach eigenen Angaben mehr als sechs Millionen App-Installationen auf Smartphones. Die als Preisvergleichs- und Produktbewertungsdienst gestartete Anwendung zeigt einmal mehr, dass Verbraucher mit neuen Mobil-Technologien nicht nur Rabatte einheimsen können wie etwa beim Mobile Couponing. Mit transparenten Zugängen zu Hersteller- und Herkunftsangaben ist ihnen nun auch ein wichtiges Hilfsinstrument für strategischen Konsum, den ökosozial korrekten Einkauf im Supermarkt und anderswo an die Hand gegeben. Seien es die Themen Tierschutz,

---

39 www.barcoo.com

Fairtrade oder Lebensmittelverträglichkeit – mit einem Fingertipp und dem Scannen eines Barcodes werden die Geschichten hinter den Produkten gelüftet.

Praxistipp
Kundenszenario: Sensibilisieren Sie Ihr Verkaufspersonal für das »Bricks & Clicks«-Zeitalter

Beispielhaft finden Sie im Folgenden eine Situation am Point of Sale geschildert, die vielen Verkäufern (noch) nicht alltäglich erscheint. In Verkaufsschulungen und Mitarbeitergesprächen sollten Sie diese Kundenszenarien durchspielen, damit Ihr Verkaufspersonal angemessen auf den Multichannel-Kunden reagieren kann.

Barcode-Scanning

Situation: Eine Besucherin Ihres Ladengeschäfts scannt den Barcode eines Produktes, das Sie als Sonderangebot im Eingangsbereich positioniert haben, mit ihrem Smartphone.

Welches könnten die Beweggründe sein?

- Die Kundin nutzt eine **Preisvergleichs-App**. Sie möchte sich vergewissern, ob es das Produkt nicht doch noch billiger in einem Online-Shop oder bei einem anderen Händler um die Ecke gibt.
- Sie will sich über die **Inhaltsstoffe oder das ökosoziale Engagement** des Herstellers informieren.
- Sie hofft, weitere **Empfehlungen** – etwa Zusatzartikel und passende Accessoires zum Produkt – zu bekommen.
- Sie schaut, ob der Händler selbst **mobile Coupons** anbietet.

Wie reagieren Sie?

- Möchten Sie das **kostenfreie Kunden-WLAN** unseres Geschäfts nutzen? Wenn Sie eine Kundenkarte haben, genügt Ihre **Kundennummer** für das Login.
- Kann ich Ihnen unser **Kunden-Tablet** anbieten? Sie machen sich ja die Augen kaputt mit diesem kleinen Mäusebildschirm. Welche Produktinformation suchen Sie denn genau?
- Guten Tag, das ist ja **interessant, was Sie da machen**. Funktioniert das mit diesen neumodischen Handys?
- Entschuldigung, bei uns im Laden ist leider Smartphone-Verbot. Anweisung von ganz oben. Aber vielleicht kann ich Ihnen ja weiterhelfen. Ich bin quasi eine **lebendige App, das Google unserer Fußgängerzone**.
- **Mit Sicherheit nicht**: Guten Tag, was kann ich für Sie tun?

Rechnungs-Check – Preistransparenz auch jenseits von Konsumgütern

Inspekto.de, ein junges Start-up aus Berlin, bringt derzeit frischen Wind in die Kfz-Branche.[40] Besser gesagt: Er dürfte so mancher Kfz-Werkstatt kräftig ins Gesicht blasen. Die Angemessenheit von Rechnungen und Kostenvoranschlägen ist für Laien in Sachen Autoreparatur und Serviceleistungen nur schwer zu überprüfen. Wer sucht schon mühsam einen Sachverständigen auf, der noch dazu seinerseits Honorarvorstellungen hat. Zwar liefern auch Automobilclubs wie der ADAC bei Ärger mit der Kfz-Werkstatt Tipps, wie man etwa die Schiedsstelle der Kfz-Innung einschaltet oder an kompetente Anwälte gelangt. Diese bürokratischen Prozesse sind allerdings zäh.

Deshalb hat es sich Inspekto.de zur Aufgabe gemacht, für Transparenz bei Kfz-Rechnungen auf einfachste Weise zu sorgen: durch einen simplen Upload der Rechnung auf einer Internetplattform. Die Einzelposten werden dann auf Plausibilität geprüft und binnen 24 Stunden – außer am Wochenende – erhält der User eine Beurteilung seiner Rechnung. Die Kfz-Fachleute bei Inspekto.de greifen dabei auf den Fundus einer umfangreichen Datenbank zu. Das Unternehmen von Chris Möller arbeitet hier mit dem Prozessdienstleister Control€xpert zusammen, der eigentlich Schadensbelege im Auftrag von internationalen Versicherungen und Leasing-Gesellschaften kontrolliert.

Der Prüfbericht wird per E-Mail dem Kunden zugesandt. Die Kosten für den Rechnungs-Check bei Auspuffmontage, Ölwechsel und anderen Werkstattdienstleistungen belaufen sich derzeit auf 5 Euro. Einziger Wehrmutstropfen des Dienstes bislang: Wird eine Rechnung als fehlerhaft eingestuft, obliegt es dem Kunden, den nötigen Druck bei der Werkstatt zu machen. Auch vor Gericht kann der Prüfbericht bislang nicht als Beweismittel herangezogen werden. Gewinnt die Plattform an Reichweite, werden hier sicherlich Präzedenzfälle geschaffen. Inspekto.de selbst jedenfalls steigert sein Daten-Know-how mit jeder hochgeladenen Rechnung und wird als Reichweiten-Partner auch Bewertungsplattformen[41] für Autohäuser und Werkstätten im Auge haben.

Empfehlung: Der Rucksack der Kundenmeinungen

Es ist der Traum eines jeden Marketingchefs, wenn sich Eltern über die saugfähigsten Windeln austauschen, wenn sich Smartphone-Kunden für »ihr« Gerät am Stammtisch ins Zeug legen oder Mütter sich zum Frühstück im IKEA Store verabreden. Den Empfehlungen unserer Freunde vertrauen wir mehr als einem Hochglanzprospekt.

---

40 www.inspekto.de
41 zum Beispiel www.werkstattcheck.de oder www.autoaid.de

Es existiert keine effizientere Werbeform als die der Mundpropaganda. Aber sie zu messen ist und bleibt die größte Herausforderung der Marketingverantwortlichen – daran haben auch die Plauderplattformen des Web 2.0 nichts geändert. Im Gegenteil: Kursieren Info-Viren erst einmal in den Weiten des Internets, lassen sie sich kaum mehr im Sinne einer nachvollziehbaren Kampagne steuern. Das visionäre Cluetrain-Manifest, die Bibel der Community-Marketing-Avantgarde, brachte es mit dem Leitspruch »Märkte sind Gespräche« auf den Punkt (vgl. Levine 2000).

Dennoch lassen sich vier zentrale Ansätze zur »Marktbearbeitung« in den Social Media beschreiben:

1. **Markenbotschafter identifizieren – die Knotenpunkte des Dialogs:** Die kontinuierliche Beziehungspflege zu begeisterten Kunden wird weitläufig auch »Customer Evangelism« genannt. Fans werden zu Markenbotschaftern und steigern den Bekanntheitsgrad qualitativ durch Mundpropaganda. Sie verbreiten ihre positive Meinung glaubwürdig über diverse Social-Media-Plattformen. Schon 2002 hat das Autorenduo Ben McConnell und Jackie Huba mit *Creating Customer Evangelists* ein einflussreiches Buch zum sogenannten Word-of-Mouth-Marketing geschrieben (vgl. McConnell/Huba 2002).

2. **Viral Marketing – der Schneeballeffekt im Netz:** Vor allem die Konsumgüterindustrie nutzt bereits im großen Stil Techniken des viralen Marketings im Netz. Der effektivste Kanal hierzu ist YouTube. Dort finden sogenannte Viral Videos in Windeseile Verbreitung – wenn sie nur witzig, spannend oder geheimnisvoll genug sind. Die Markenbotschaft steht dabei zu Beginn meist im Hintergrund. Im viralen Marketing geht es subtiler zu. Die Comedy-Figur Horst Schlämmer aka Hape Kerkeling beispielsweise wurde in einem VW-finanzierten Video-Blog geboren. Die Verbreitung über Blogs und externe Seiten wie Facebook ist durch die einfache Handhabung des YouTube-Code gewährleistet. Nicht zuletzt: Agenturen wie »shareifyoulike«[42] oder Goviral Network[43] helfen bei der Verbreitung von Internetvideos, indem sie über ein Affiliate-System Seitenbetreiber für die Einbettung von viralen Clips nach Aufrufen bezahlen.

3. **Astroturfing – mit gefälschten Profilen Meinung machen:** Was in den USA schon seit ein paar Jahren gang und gäbe ist, schwappt zusammen mit Facebook nun auch nach Deutschland: Gefälschte Identitäten im Netz, die sich für oder gegen bestimmte Produkte, Personen, politische Richtungen oder Sachlagen aussprechen und somit andere Nutzer in ihrer Meinung be-

---

42 www.shareifyoulike.com
43 www.goviralnetwork.com

einflussen sollen. Bei der US-amerikanischen Werbeagentur USocial[44] kann man bereits seit 2009 Freunde einkaufen. So lässt sich PR-Arbeit kanalisieren oder gar eine Graswurzelbewegung vortäuschen. Dabei betont die Agentur, dass die Profile der Fans oder Freunde zu 100 Prozent echt seien, nämlich Personen, die Werbung zu bestimmten Themen erhalten möchten. Weniger durchschaubar ist dagegen das Geschäft mit künstlich generierten Profilen, sogenannten Zombieprofilen. Dubiose Anbieter in diesem Bereich gibt es mittlerweile zuhauf, etliche Anbieter sitzen in Südasien.

4. **Professionelles Community Management – das Ohr am Kunden:** Der nachhaltigste Weg zu mehr Marktkontrolle aber ist, mit Ausdauer und Kompetenz Kundenmeinungen zu moderieren und Anfragen zu bearbeiten (siehe Kapitel 3/F-Commerce und Kapitel 6/Social-Media-Monitoring).

Rückschlüsse auf die Kundenbeziehung am Point of Sale?

Kunden tauschen heute online nicht nur gegenseitig Meinungen über Produkte und Händler aus – das taten sie qua Mundpropaganda schon immer. Kunden kommen heute mit einem ganzen Rucksack von Kundenmeinungen und Produktbewertungen in das Ladengeschäft. Sie sind mitunter besser über Preise und Produkte informiert als das Verkaufspersonal – mit allen Konsequenzen für das Beratungsgespräch.

Ein vormals hierarchisches Verhältnis – hier der Kunde, dort der allwissende Verkaufsberater – kommt zunehmend in die Waage. Verkäufer können sich heute nicht mehr hinter Monitoren und Kassensystemen »verschanzen«, geht es doch um die Begegnung mit dem Kunden auf Augenhöhe. Smarte Geräte wie Tablets und Touchscreens stehen auch technologisch für diesen Wandel. Denn mit ihnen hilft das Verkaufspersonal den Kunden, Produkte und Dienstleistungen in all ihren Facetten zu erfahren, statt sie einfach nur zu verkaufen (siehe auch Kapitel 5/Smarte Technologie am Point of Sale). Dass angesichts überinformierter Shopper noch stärker die kommunikativen Fähigkeiten des Verkaufspersonals gefragt sind, steht außer Frage.

Der wichtigste Unterschied zu früher ist, dass die autoritäre Botschaft »Kauf das!« den neuen bidirektionalen Formen des Austausches von Information standhalten muss. Einbahnstraßen-Kommunikation mit willigen Konsumenten am anderen Ende der Leitung ist jedenfalls passé. Oder anders ausgedrückt: Der vernetzte Kunde von heute hat zahlreiche Möglichkeiten, seinen Unmut über schlechten Service, fades Sortiment und unfreundliches Personal am Point of Sale kundzutun. Der zufriedene Kunde wiederum fungiert heute mehr denn je

---

44 http://usocial.net

als Co-Verkäufer, als Fürsprecher für eine Händlermarke oder Empfehlungsinstanz für ein gastronomisches Angebot.

Gerade weil Shopbetreiber und Dienstleister es gar nicht mehr selbst in der Hand haben, wo und wann in den Weiten des Netzes für ihre Angebote geworben wird, ist es sehr hilfreich, diese Empfehlungsprinzipien des Internets zu verstehen und sie in einem konsumhistorischen Kontext zu betrachten. Dieser heißt »kuratierter Konsum« und wir werden in den nächsten Jahren noch viele Innovationen im Bereich des Multi-Channeling erleben, die sich von diesem Prinzip ableiten lassen.

Kuratierter Konsum – der Qualitätsfilter im Information Overload

Kuratierter Konsum ist beileibe keine Neuheit im progressiven stationären Einzelhandel. Schon 2004 machten die Trendforscher der Plattform Trendwatching. com[45] dieses Phänomen ausfindig und prognostizierten einen steigenden Bedarf seitens der Kunden, durch Auswahlprozesse gelotst zu werden oder auf die Persönlichkeit abgestimmte Klamotten und Accessoires feilgeboten zu bekommen. Auf dem Gipfel des Trends wurden von Handelsketten etwa Weinkritiker, Musiker und andere Prominente als Kuratoren gebucht. Sie empfahlen Kunden nicht nur irgendwelche Produkte – Kleidung, CDs, Bücher oder Getränke –, sondern DAS Produkt schlechthin.

Nun aber, da das Internet in jeden Winkel des Konsums vorgedrungen ist, tummeln sich auch die Kuratoren immer mehr Netz:

- Wie zum Beispiel die meinungsstarken Multiplikatoren und Knotenpunkte in den sozialen Netzen, deren »Daumen hoch« für angeschlossene Friends & Followers Gesetz ist.
- Oder aber die Berliner E-Commerce-Avantgardisten von Modomoto[46], bei denen sich Männer gut aufgehoben fühlen, die noch nie richtig Lust auf Shopping hatten, aber dennoch stilvoll gekleidet daherkommen wollen. Ein Abonnement mit sorgsam ausgesuchten und auf den Kunden abgestimmten Outfits macht es möglich.
- Und wieder eine andere Form des Kuratierens leisten modeverrückte Teenies, die in YouTube-Videos von ihren Beutezügen bei Primark und H&M erzählen (siehe auch Kap. 6/Customer driven Marketing).

Im Jahre 2011 war der Begriff »Curation« so etwas wie die Allheilformel für das überbordende World Wide Web, in dem es zwar alles gibt, aber nur wenig (qualitativ Hochwertiges) gefunden wird. Das Stichwort Informationsflut fehl-

---

45 www.trendwatching.com/trends/curated_consumption.htm
46 www.modomoto.de

te in keiner Talkshow. Steven Rosenbaum schrieb mit *Curation Nation* (vgl. Rosenbaum 2011) das Managementbuch zum Zeitgeist, das schon jetzt zu den Standardwerken des Informationszeitalters gezählt werden darf.

Bricks & Clicks Innovation
Social Selling im Wohnzimmer: Home-Shopping gewinnt an Fahrt

Der sogenannte Strukturvertrieb und das Multi-Level-Marketing waren nie wirklich »out«. Tupperware oder Vorwerk Thermomix zeigen nach wie vor, wie erfolgreich die Instrumentalisierung des persönlichen Netzwerks eines Vertriebspartners für den Abverkauf von Produkten auf intimen Verkaufs-Partys sein kann. Heute treten deutlicher denn je die Bedeutung von Mundpropaganda und die Netzwerkeffekte zutage. Denn Social Media beflügelt zweifelsohne den »alten Hut« Home-Shopping, eine etablierte Form des kuratierten Konsums.

Das Erfolgsrezept des Social Selling:

- **Der Verkaufsort Wohnzimmer gewinnt auch jenseits von Küchenutensilien an Bedeutung.** Sie tragen charmante Namen wie »Juvalia & You«, »Pippa & Jean« und »Gigi Hill«. Und allen Unternehmungen ist gemeinsam, dass sie Schmuck und Accessoires über Gastgeberinnen und Style-Beraterinnen verkaufen.

- **Das Fundament der Kundenbeziehungen sind Freundschaften und Kontakte.** Und diese können heute über soziale Netzwerke wie Facebook mit wenigen Mausklicks generiert, gepflegt und multipliziert werden.

- **Als Vertriebskanäle sind nicht nur aufwendig organisierte Shopping-Events im häuslichen Wohnzimmer angelegt, sondern auch Online-Shops.** Diese sind dem Offline-Kanal entsprechend mit Social-Commerce-Elementen ausgestattet (vgl. Haderlein/Krisch 2008). Dazu zählen unter anderem Empfehlungslisten und der Betrieb einer Online-Community. Vorreiter Vorwerk unterhält gar eine eigene reichweitenstarke Rezepte-Community[47] sowie eine Applikation für iPhone und iPad.

- **Style-Partys werden durch neue »Wir-Geräte« wie Tablets und professionelle Präsentationen über Beamer zu multimedialen Verkaufsshows.** iPad und Co. sind sinnvolle Verkaufshilfen, weil sie eine begrenzte Produktauswahl vor Ort kompensieren und emotionalisierende Formate wie Videos möglich machen.

---

47 www.rezeptwelt.de

- **Eine Tätigkeit als »Repräsentantin« (Vorwerk Thermomix) oder »Stylistin« (Juvalia & You) ist zweifelsohne eine alternative Verdienstmöglichkeit in wirtschaftlich schwierigen Zeiten.** Außerdem werden die neuen Angebote eher als Lifestyle denn als funktionale und auf Effizienz getrimmte Tupperware-Party empfunden. Die Arbeit auf Provisionsbasis ist deutlich kommuniziert und transparent.

- **Kollaborative Business-Networks sorgen für mehr fruchtbaren Austausch sowohl zwischen Vertriebspartnern und Marke als auch zwischen den einzelnen Vertriebspartnern.** Vorwerk Folletto beispielsweise, der italienische Ableger der Staubsauger-Pioniere, bietet seinen »Agenten« eine Online-Plattform[48], die gleichermaßen Vertriebssteuerungsmaßnahmen und Schulungsinhalte als auch Partnerbindungsprogramme und motivierende Interaktionsangebote beinhaltet. So werden aus Staubsaugervertretern allzeit bestinformierte Netzwerker (siehe auch Kapitel 7/Social Business).

- **Letzten Endes sind Anbieter wie Juvalia & Co. E-Commerce-Modelle, denn die Vertriebspartnerinnen ihrerseits sind Online-Kunden.** Wie bei allen Online-Shops entstehen keine Kosten für stationäre Ladenflächen. Diese werden von den Gastgeberinnen der Style-Shows und Verkaufspartys gestellt.

Interessant wird kuratierter Konsum, wenn er abseits der lifestyle-trächtigen Branchen und Sortimente implementiert wird: Wie die Werkstattrechnung ist auch der Autokauf oftmals ein Buch mit sieben Siegeln. Weniger gut informierte Käufer sind findigen Gebrauchtwagenhändlern hilflos ausgeliefert. Beim Spartensender sport1 ist die Gebrauchtwagen-Doku-Soap »Die PS Profis« nicht ohne Grund ein Publikumsliebling. Darin enttarnen zwei Ruhrpott-Originale aus dem Gebrauchtwagengeschäft die Verkaufstricks und -kniffe ihrer Kollegen.

Im Netz sorgt mittlerweile »Check my car«[49] für die nötige Hilfe beim Gebrauchtwagenkauf. Ein bundesweites Netzwerk von Experten, die »Checker«, stehen sowohl telefonisch (19 Euro) als auch vor Ort beim Kauf des Wagens (79 Euro) mit Rat und Tat beiseite – von der technischen Überprüfung über die Probefahrt bis zur Preisverhandlung mit dem Verkäufer.

In Kapitel 4 und 5 dieses Buches finden Sie zahlreiche Beispiele, wie Händler versuchen, die Figur des Kurators mit technischen Innovationen oder durch ausgefeilte Convenience-Lösungen wieder auf die eigene Seite zu bringen – seien es eine Einkaufsplanungs-Applikation, Augmented-Reality im Einsatz als Kaufentscheidungshilfe am Point of Sale oder die Sortimentsführung in Themenkörben- statt Warengruppen-Logik.

---

48 www.follettofamily.it
49 www.checkmy-car.com

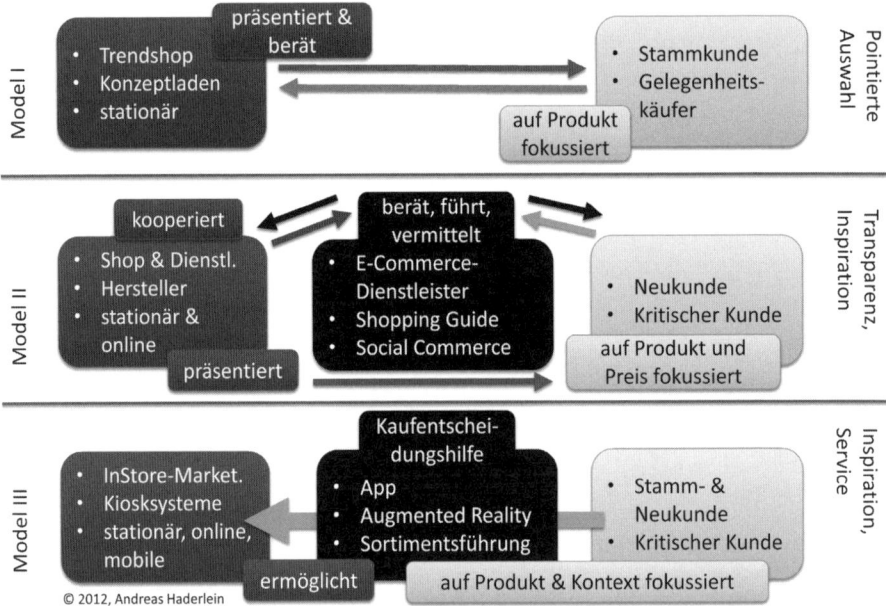

Abb. 6: Die Modelle des kuratierten Konsums

Verfügbarkeit: Die Online-Katalogisierung des stationären Warenbestandes

US-amerikanische Ladenbesitzer sind gerade dabei, in großem Stil ihren Warenbestand bei der Einkaufssuchmaschine Milo[50] zu registrieren. Das hat sogar einen alten Hasen des Internetgeschäfts aufhorchen lassen. EBay verleibte sich das Start-up für 75 Millionen US-Dollar ein. Denn auch das größte Auktionshaus und Heimat von weltweit über 100 Millionen aktiven Nutzern (Stand: 31. März 2012), darunter immer mehr gewerbliche Verkäufer, hat das Potenzial des stationären Handels für das eigene Geschäftsmodell entdeckt. Immerhin werden über EBay schon 70 Prozent Neuware verkauft. Mehr und mehr stationäre Händler in den USA, aber auch in Europa nutzen den einstigen Flohmarkt als Lagerräumungsrampe. EBay-Chef John Donahoe sagte unlängst gegenüber der *Wirtschaftswoche:* »In Zukunft wird zwischen Offline- und Online-Handel kein Unterschied mehr gemacht.«

Google ist ohnehin schon seit Langem dabei, sich für das »Bricks & Clicks«-Zeitalter zu rüsten. In den Suchergebnissen taugen längst auch Werbeanzeigen von Geschäften in der direkten Nachbarschaft des Suchenden auf.

---

50   www.milo.com

Jede IP-Adresse, sozusagen die Ortsangabe des Computers am Netz, liefert die notwendigen Daten, um lokale Informationen an den Nutzer zu bringen. »Darf diese App Ihren aktuellen Ort verwenden?«, zählt auch zu den ersten Fragen beim Öffnen von mobilen Anwendungen für Smartphones. Denn nahezu alle shoppingrelevanten mobilen Dienste verarbeiten den Standort des Nutzers – und sei es nur, um eine Wegbeschreibung zur nächstgelegenen Verkaufsfiliale anzuzeigen.

Auch das Warenwirtschaftssystem wird künftig für beide Welten, online und offline, durchlässig. Sobald Sortimente samt Produktverfügbarkeit und Preise von Läden um die Ecke nur einen Klick für Kunden entfernt sind, wird der lokale Online-Werbemarkt rasant wachsen – und mit ihm die Zahl der Menschen, die über Informationen aus dem Internet beim stationären Händler aufschlagen. Denn nach wie vor hält der klassische Einzelhandel wichtige Trümpfe in der Hand:

- vertrauensvolle Abwicklung der Bezahlung – sei sie in bar oder mit EC-Karte (jede Datenschutzdebatte, jede Nachricht über gehackte Kreditkarteninformationen spielt dem stationären Handel in die Hände)
- direkte Ansprechpartner bei Reklamationen oder Nachfragen zur Produkthandhabung
- unmittelbare Abholung am Point of Sale ohne Lieferwartezeit
- Test oder Anprobe der Ware vor Ort

Die kleine hessische Schuhhandelskette Majo[51] beispielsweise wirbt mit Aufstellern für das hauseigene Internetangebot. Registrierte Stammkunden, heißt es darauf, können online die Verfügbarkeit von Schuhmodellen und Schuhgrößen in allen der bald neun hessischen Filialen abfragen. Über ein Webformular lassen sich gar vergriffene Modelle beim Hersteller nachbestellen beziehungsweise übernimmt Majo die Anfrage.

Mittlerweile gibt es sogar einen Lieferservice, der auf eben jenen Vertrauensvorschuss des stationären Handels, vor allem aber auf die schnelle Verfügbarkeit von Produkten vor Ort baut und verspricht, sie binnen 90 Minuten nach der Online-Bestellung auszuliefern. Shutl[52] heißt dieser Shopping-Kurierdienst aus Großbritannien.

Noch stecken diese Dienstleistungen sicherlich in den Kinderschuhen, sie zeigen aber schon jetzt, dass die Erwartungshaltung der Kunden auch gegenüber der Online-Bestellung steigt. Shutl ist mit seinem Partnerkonzept der klassischen Auslieferungslogistik um Längen voraus. Denn Lieferzeiten, erst recht bei frischen Lebensmitteln, sind noch immer die Schwachstelle des E-Commerce.

---

51 www.majo-markenschuhe.de
52 www.shutl.co.uk

Hier sind lokal verankerte Unternehmen wie hierzulande der Online-Supermarkt Froodies[53] oder die charmanten »Emmas Enkel« aus Düsseldorf im Vorteil. Sie liefern online bestellte Waren in einem begrenzten Einzugsgebiet »persönlich«, das heißt vor allem noch am selben Tag aus. Letztere kombinieren in beeindruckender Weise das stationäre Geschäft mit allen erdenklichen Möglichkeiten der Online-Kommunikation (siehe auch Kapitel 4 und 5).

Smarte Verkaufshilfen: Die befähigenden Werkzeuge des Verkaufspersonals

Hilfsmittel wie mobile Produktführer sind nicht nur für den Konsumenten von Vorteil. Auch das Verkaufspersonal kann sich über die barcoo App »aufrüsten«. Wer weiß schon auf Anhieb, ob ein bestimmtes Produkt lactosefrei ist, ob ein bestimmter Schokoriegel mehr oder weniger Zucker hat im Vergleich zu anderen Produkten seiner Kategorie. Heute können derartige Kundenanfragen zufriedenstellender und leichter beantwortet werden – vorausgesetzt, Smartphone, Tablet & Co. zählen künftig zu den Werkzeugen des Verkaufspersonals wie seinerzeit Preisauszeichner und Kugelschreiber.

Sicherlich möchte kein Verkaufsleiter Azubis beim Tratsch mit Facebook-Freunden erwischen, während Kunden hilflos suchend Regalwege ablaufen. Es ist aber kontraproduktiv, die Nutzung von Smartphones während der Arbeitszeit kategorisch zu verbieten. Denn klar ist: Noch scheuen die Mehrzahl der Einzelhändler hierzulande die Investition in neue »empowernde« mobile PoS-Geräte für ihre Mitarbeiter. Aber Verkaufskompetenz heißt künftig vor allem, zu wissen, wie und wo Produktinformationen abrufbar sind.

Die Kriterien für die Beurteilung von Servicequalität am Point of Sale werden um die der Mediennutzungskompetenz des Personals erweitert. Dies ist kein Selbstzweck, sondern der notwendige Schritt, um auf eine steigende medienvermittelte »Shopping Literacy« seitens der Kunden adäquat reagieren zu können (siehe Kapitel 4/Smarte Technologien am Point of Sale).

Handheld-Verkaufshilfen sind natürlich nicht nur dazu da, Produktinformationen aus dem Internet abzurufen. Warenwirtschaftliche und kundenorientierte Prozesse können heute mobil optimiert werden – vom Abrufen des Lagerbestandes über die Entgegennahme von Online-Bestellungen und Auskunftserteilung bis hin zur mobilen Abwicklung des Kassiervorgangs.

Die Vorteile liegen klar auf der Hand: Weniger Laufwege für Kunden und Mitarbeiter, mehr Beratungskompetenz seitens des Verkaufspersonals und punktgenaue Bedienung von Kunden mit der Folge einer höheren Kundenzufriedenheit.

---

[53] www.froodies.de

Für den Verkauf	Für den Kunden
Sofortiger Abruf spezifischer Produktinformationen	Auskunftsfähige Ansprechpartner ohne Aufsuche eines Infopoints
Laufwege minimieren, ohne Kunden »allein« zu lassen (etwa beim Prüfen der Lagervorrätigkeit bestimmter Waren)	Weniger Wartezeit, unmittelbare Betreuung
Entgegennahme von Bestellungen zur Abholung im stationären Geschäft oder Auslieferung über Versand	(bei Opt-in durch Kundenkarte) Zusätzliche Services wie E-Mail-Benachrichtigung zum Lieferstatus, aber auch produktspezifische Newsletter
Mobile Kasse: Entlastung der stationären Kasse; direkter Check-out etwa bei Abverkaufsaktionen	Kein Schlangestehen
Höhere Cross-Selling-Quote, etwa durch die Möglichkeit von direkter Online-Bestellung	E-Shop-in-Shop vermittelt über das Verkaufspersonal statt über einen Self-Service-Terminal
Höhere Beratungskompetenz einzelner Verkäufer	Höhere Kundenzufriedenheit, weil effizienterer Service

Tabelle 2: Die Vorteile mobiler Endgeräte als Verkaufshilfe

In den USA hat sich mittlerweile ein ganzer Dienstleistungszweig den »Mobile PoS Solutions« verschrieben. Ein harter Wettbewerb um Soft- und Hardware für mobile Geräte als Verkaufshilfe und mobile Kassen ist entbrannt. Die Marktforschungszahlen sprechen für sich. Bis 2016, so Schätzungen des Retail-Beratungsunternehmens IHL Group, werden in Nordamerika 3,6 Millionen Tablets ihre Anwendung im Einzelhandel und in der Gastronomie finden (vgl. Holman/ Buzek 2012). In den Vorstandsetagen von Handelsketten wie Home Depot, Urban Outfitters, Nordstrom, Gap, Disney Stores und – natürlich – Apple Store genießen mobile Verkaufskonzepte höchste Priorität. Geht es doch um Produktivitätssteigerungspotenziale und mehr Kundenzufriedenheit (siehe Kapitel 5/ Mobile Kassen).

2. Kunden informieren

Mit der Verbreitung des Internets hat sich das Prinzip Werbung radikal verändert. War früher die Angebotskommunikation auf das eigene Schaufenster, auf gedruckte Werbeträger wie Plakate und Zeitungsbeilagen oder auf kostspielige Radio- und TV-Werbung beschränkt, stehen dem stationären Händler von heute eine Vielzahl von Kommunikationskanälen zur Verfügung: die eigene Website, der Facebook-Auftritt, ein Twitter-Kanal, Einträge in diversen Portalen und Suchmaschinen etc.

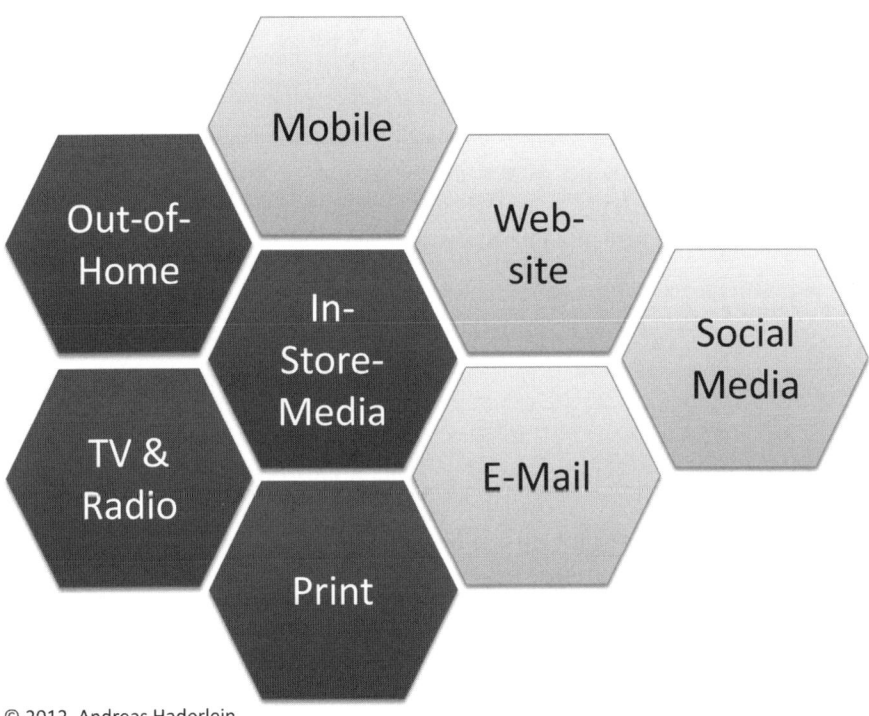

© 2012, Andreas Haderlein

Abb. 7: Touchpoints der Shopper: Die wichtigsten medialen Werbeträger des Point of Sale

Marketingverantwortliche im Einzelhandel erwarten bis 2014 weitere Budget-einbußen für klassische Handelswerbung wie Flyer und Anzeigen. Waren es 2011 noch 62 Prozent der Gesamtwerbeausgaben, werden für 2014 55 Prozent prognostiziert. »Moderne« Handelswerbung wie TV, Radio, aber auch Insto-re-Marketing und Online-Werbung gewinnen analog dazu an Bedeutung. Die Ausgaben für Online-Werbung werden dem »EHI Marketingmonitor Handel 2011–2014« zufolge am stärksten steigen: von derzeit 4,5 auf 9,6 Prozent der Bruttowerbeaufwendungen. Dies entspricht einer Steigerung um rund 113 Prozent. Immerhin 10 Prozent des Online-Budgets werden bis 2014 für Social Media Marketing zur Verfügung stehen und knapp 4 Prozent für Mobile-Marketing-Kampagnen (vgl. EHI Retail Institute 2011).

Mit nur 1 Prozent Anteil am gesamten Werbebudget des Einzelhandels fristet Mobile Marketing noch ein äußerst stiefmütterliches Dasein. Zwar dringt die strategische Relevanz der mobilen Ansprache von Kunden – und nicht nur des Online-Vertriebs – langsam in die Vorstandsetagen der Handelsmarken vor, noch aber scheint das Mediengetöse um die Vorzüge mobiler Kundenbindung lauter als das messbare Tagesgeschäft.

Dabei liegen etwa, wie Sie auch im Kapitel 3 »Kunden verführen« lesen können, die Vorzüge des Mobile Couponing auf der Hand: ein leicht zu implementierendes Abverkaufs- und Kundengewinnungsinstrument mit einer steigenden Zahl potenzieller Nutzer. Dies gilt gleichermaßen für Handelsketten wie für kleine Shopbetreiber und Dienstleister.

Gesucht/gefunden: Das Internet ist der Vorhof des Point of Sale

Immer häufiger ist das Internet der erste Touchpoint zum Kunden. Der Verkaufsort, auf digitalen Karten wie Google Maps tausendfach verzeichnet, wird durch Kommentare und Bewertungen von Nutzern zum »Point of Interest«. Suchanfragen auf Google sind bereits zu einem Viertel lokal motiviert. User wollen wissen, wer der beste Friseur um die Ecke ist und wann der Zug fährt. Sie schlagen Öffnungszeiten nach, lesen Empfehlungen, vereinbaren online Beratungstermine, bestellen im Internet und holen die Ware im stationären Geschäft ab. Vor allem aber suchen sie Orientierung.

Bricks & Clicks Szenario
App-Enabler: Mobile Kommunikation leicht gemacht

Applikationen für Smartphones und iPad anzubieten gehört mittlerweile zum guten Ton. Wer sich als Handelskette oder Verband keine Apps leisten will und kann, der sollte zumindest für einen mobil-optimierten Internetauftritt sorgen. Viele scheuen auch die Investition in eine unternehmenseigene App. Mit 10.000 bis 20.000 Euro muss man heutzutage für die Entwicklung einer App für die gängigen Betriebssysteme Android und iPhone rechnen. Hinzu kommt: Programmierer und Interface-Designer sind mittlerweile heiß begehrtes Personal und nur schwer zu finden. Auch die Kosten der Betreuung fallen ins Gewicht.

Mittlerweile können Sie mit wenig IT-Know-how eine Website gestalten oder gar einen Online-Shop eröffnen, etwa über Rakuten oder DaWanda. In absehbarer Zukunft werden deshalb auch immer mehr »App-Enabler« auf den Plan treten, die einfach zu handhabende Content-Management-Systeme und Baukästen für die Erstellung und Pflege von Apps anbieten. Dieser Dienstleistungsmarkt ist gerade am Entstehen begriffen.[54]

Schon heute sind Unternehmen wie GuideWriters[55] am Markt, die vor allem Reisebuch-Verlagen den Zugang zur mobilen Kommunikation erleichtern, etwa durch City-Guides. Das Interessante am GuideWriters-Modell: Jeder Autor kann ohne Programmierkenntnisse eine App erstellen. Vertrieben wird sie dann über »In-App Purchase« von GuideWriters. Selbst den Preis kann der Autor gestalten – ob gratis oder etwa 79 Cent pro Guide-Download.

Künftig könnten auch Gastronomie- und Hotelverbände, regionale Handelsmarken oder Franchiseunternehmen auf diese White-Label-Variante zurückgreifen, um etwa Touristen oder Shopper mit aktuellen Informationen und Orientierungshilfen zu bedienen.

Lokale Bewertungsplattformen – die Autobahnkreuze des ortsrelevanten Datenverkehrs

Unerlässlich ist es deshalb, stationäre Geschäfte auf den gängigsten Plattformen zu listen. Hierzulande sind dies Qype und Google Places. Weitaus weniger Gewicht hat »Facebook Orte«. Allerdings sollte auch hier sichergestellt sein, dass Adresse und Kontaktdaten korrekt sind. Die folgende Tabelle gibt Ihnen einen kurzen Überblick – ohne Anspruch auf Vollständigkeit. Denn auch frequenzärmere vertikale Suchmaschinen wie Utopia City[56], in der sich Geschäfte mit ho-

---

54   zum Beispiel www.appyourself.net oder www.totallyapp.com
55   www.guidewriters.com
56   http://city.utopia.de

her ökosozialer Verantwortung präsentieren oder von Nutzern gemeldet werden, können für mehr Besuch am Point of Sale sorgen.

Plattform	Verbreitung	Werbemöglichkeit für Unternehmen	Mobile Optimierung; Check-in	Bewertungen (aus Sicht des Nutzers)
Google Places	Sehr hoch	Kostenfreier Eintrag; die Meldung für mehrere Filialen ist vereinfacht; kostenpflichtige Werbung über Google AdSense; Integration in Google+	Applikation nicht nur für Android-Geräte; Check-in-Modell hierzulande wenig bekannt	Sehr aussagekräftig; tendenziell aber eher in Gastronomie und Hotellerie
Facebook Orte	Hoch, aber lückenhafte Daten und unübersichtlich	Kostenfreie Präzisierung des Eintrags; zusätzlich kostenpflichtige Werbeschaltungen und Check-in-Modell »Besuchsangebote«	Das Check-in-Modell »Besuchsangebote« läuft hierzulande eher schleppend	Wenig aussagekräftig, es sei denn, Bewertungen kommen aus dem eigenen Freundeskreis
Qype	Sehr hoch, national und international; nach eigenen Angaben »Europas größtes Empfehlungsportal«	Kostenfreie Präzisierung des Eintrags; zusätzliche Funktionen in kostenpflichtiger Premium-Partnerschaft; außerdem das Groupon-ähnliche QypeDeals; gut auch die Funktion »Folgen«, über die Ladeninhaber Infos aussenden können	Check-in-Modell ist angelehnt an Foursquare	Sehr aussagekräftig

Yelp	Sehr hoch; in den USA gestartet, nun auch in Europa (Verbreitung insbesondere über Facebook, Bing und Apple)	Kostenfreie Präzisierung des Eintrags	Sehr übersichtliche Applikation für Smartphones und iPad; Check-in-Funktion, um Freunden den aktuellen Ort mitzuteilen	Für den geringen Vorsprung gegenüber Google Places und Qype relativ viele Bewertungen
meineStadt.de	Hoch; laut AGOF rund 8 Millionen eindeutige Nutzer	Kostenfreie Präzisierung des Eintrags; gut geeignet für Werbung über digitale Prospekte von kaufDa	Ebenfalls mit diversen Applikationen am Markt; kein Check-in-Modell	Wenig, da meineStadt sich nicht ausschließlich als Bewertungsplattform positioniert
Foursquare	Vor allem USA, hierzulande tendenziell genutzt von Early Adoptern	Zahlreiche Varianten zur langfristigen Kundenbindung	Applikationen für alle Endgeräte; der Vorreiter für das Check-in-Modell	Bedingt aussagekräftig, wenn zu wenig Freunde Foursquare nutzen

Tabelle 3: Die wichtigsten Plattformen für lokale Werbung in Deutschland

---

Praxistipp
Point of Interest – Ihr Eintrag in Google Places

Um im verbreitetsten digitalen Kartensystem (Google Maps) besser gefunden zu werden, ermöglichen Ihnen das Online-Branchenbuch Google Places ebenso wie Qype, mit wenigen Mausklicks das Profil Ihres Point of Sale anzulegen. Noch erhebt Google hierfür keine Gebühren. Das sollten Sie bei der Gestaltung und Ausrichtung des Eintrags beachten:

- **Aufhübschen und präzisieren:** Laden Sie attraktive Bilder Ihres Geschäfts hoch. Gerade Händler ohne eigenen Internetauftritt haben so die Möglichkeit »sich zu zeigen«. Auch die Öffnungszeiten sollten Sie exakt benennen. Google macht es Ihnen leicht. Durch die Angabe von bis zu fünf Kategorien erleichtern Sie Google-Suchern die Einordnung (zum Beispiel Lederwarengeschäft, Taschenladen etc.). Zusätzlich können Sie die in Ihrem Sortiment geführten Marken angeben, ein Video hochladen, Angaben zu Parkmöglichkeiten machen und Ihre Zahlungsoptionen (zum Beispiel EC-Karte, VISA etc.) angeben.

- **Anfragen im Blick behalten:** Neben der Adresse haben Sie die Möglichkeit, auch einen E-Mail-Kontakt anzugeben. Stellen Sie sicher, dass Anfragen über diese Adresse nicht versehentlich im Spam landen und das Postfach regelmäßig nach Eingängen geprüft wird. Falls es Ihnen möglich ist, geben Sie eine Telefonnummer an, über die Sie nachvollziehen können, ob ein Anruf über Ihren Google-Places-Eintrag kommt. Etwa anhand einer anderen Durchwahl.

- **Monitoring:** Google Places selbst liefert Ihnen in Ihrem Account grobe Zugriffsstatistiken, etwa die Seitenaufrufe oder die Suchanfragen, bei denen Ihr Unternehmen gefunden wurde. Ruft ein Interessent über Google Maps für Handys an, wird auch das in der Statistik aufgeführt. Checken Sie regelmäßig Ihren Eintrag nach neuen Bewertungen und Kundenmeinungen.

- **Verschmelzung mit Google+:** Google verknüpft nun Places mit seinem sozialen Netzwerk Google+. Noch hakt das Zusammenspiel und für Nutzer wie für eingetragene Unternehmen ist es schwer, den Überblick über die neuen Funktionen zu behalten. Ratgeber zu diesem Thema sind noch Mangelware. Eine gute Aufbereitung der Thematik finden Sie beim Google+-Experten Philipp Steuer.[57]

- **Aufmerksam machen:** Weisen Sie auch in Ihrem Geschäft auf die Bewertungsmöglichkeiten in Google Places hin (zum Beispiel durch einen schönen handgeschriebenen Aufsteller). Und, wenn möglich, bringen Sie in Erfahrung, ob Kunden über Bewertungen in Google Places oder in Qype auf Sie aufmerksam wurden. Aufkleber an der Eingangstür, gegebenenfalls mit QR-Code und Link zur Bewertungsseite, sind insbesondere für Restaurants hilfreich.

- **Stellung beziehen:** Google Places ermöglicht Ihnen mit einem extra gekennzeichneten Eintrag, der sogenannten »Antwort des Unternehmensinhabers«, auf negative, aber natürlich auch positive Erfahrungsberichte von Kunden zu reagieren. Sollte ein Erfahrungsbericht nach Ihrer Meinung gegen die Google-Richtlinien verstoßen, können Sie den Eintrag »als unangemessen kennzeichnen«. Google überprüft dann den Text und entfernt ihn bei Verstößen.

Bewertungen auf Qype, im entsprechenden Location-Eintrag von Google Places oder in mittlerweile Dutzenden von Location-based Services wie Foursquare können nicht jeden Tag überprüft werden. Das Tagesgeschäft eines Einzelhänd-

---

57 http://philippsteuer.de/google-plus-local-guide

lers lässt das in den seltensten Fällen zu. Hier nehmen verschiedenste Dienstleister die Arbeit ab.

- Einige Dienstleister haben es sich zur Aufgabe gemacht, Kundenbewertungen aus mehreren Plattformen in einem Dashboard zusammenzuführen, darunter beispielsweise der US-amerikanische Dienst myReviewsPage[58]. Der Dienst ist allerdings nur noch eingeschränkt nutzbar, weil die entsprechende Schnittstelle zu Google Places – ob von Google gewollt oder nicht – seit geraumer Zeit nicht mehr zu bedienen ist. Die meisten Dienstleister für Social Media Monitoring beschränken sich auf eine schlagwortbezogene Analyse der Gespräche auf Web-2.0-Plattformen.

- Einige Bewertungsdienste bieten immerhin die Möglichkeit, sich per E-Mail über neue Kommentare und Anfragen informieren zu lassen.

- Die Agentur für lokale Internetwerbung RegioHelden[59] benachrichtigt Kunden über neue Einträge in Google Places im Rahmen ihrer Dienstleistungspakete.

Instore-Navigation – die Dienste der »Never-lost-Generation«

Nach der digitalen Vermessung der Welt sind die Map-Dienstleister nun drauf und dran, auch die smartphone-vermittelte Orientierung in Innenräumen möglich zu machen. Messeveranstalter beispielsweise setzen zunehmend auf Apps als Orientierungshilfen. Besonderes Augenmerk verdienen im vorliegenden Kontext aber Shopping-Center, Kaufhäuser und großflächige Fachmärkte.

Dabei ist die Orientierungshilfe im Innenbereich doch ein zweischneidiges Schwert. Wie wir alle wissen, ist der Einzelhandel darauf bedacht, die Verweildauer in Shops und Malls hoch zu halten. Denn die Gleichung lautet: Je mehr Laufwege, je länger der Aufenthalt, desto mehr konsumieren die Besucher. IKEA hat dieses Spiel mit dem Kunden perfektioniert. Der Einkauf bei IKEA ist vor allem auch durch Mitnahmeprodukte geprägt, die vorher nicht auf dem Einkaufszettel standen. Einmal in der IKEA-Kantine gelandet, ist es nur den ausgebufftesten Kunden möglich, den Weg nach draußen nicht durch die gesamte Markthalle zu finden.

Und dennoch können Mall-Betreiber und Einzelhändler auch von digitalen Innenraumkarten profitieren, lassen sie sich doch mit Werbung und Coupons anreichern. Einige Beispiele:

---

58 www.myreviewspage.com
59 www.regiohelden.de

- **Indoor-Mapping:** Micello[60] ist drauf und dran, die Google Map für Innenräume zu werden. Das Start-up erleichtert mit seinem Location-based Service Besuchern von Einkaufszentren, Flughäfen, Museen, Universitäten und öffentlichen Gebäuden die Orientierung über virtuelle Raumpläne. Mit dem Smartphone oder Navigationsgerät erhalten Kunden, Mitarbeiter, Besucher oder auch Rettungskräfte Zugang zu den Lageplänen von Gebäuden und machen sie so vorab begehbar. Darüber hinaus stellt Micello den nahtlosen Übergang von Outdoor- und Indoor-Karten sicher. Damit bietet der Dienst die Grundlage für kreative Mobile-Marketing-Kampagnen von Einzelhändlern in Shopping Malls (siehe auch Kapitel 3/Check-in).

- **Mall Deals:** Fastmall[61] ist hier bereits einen Schritt weiter. Die App der Multimedia- und IT-Firma MindSmack, die dem Nutzer die Orientierung und Navigation in Shopping-Malls erleichtert, liefert in den USA bereits sogenannte »Mall Deals« auf das Smartphone. Außerdem können Nutzer in Locations einchecken. Weitere hilfreiche Services sind Filter wie die Rolltreppen- oder Aufzugsuche. Schütteln App-Nutzer das Handy, wird sofort eine nächstgelegene Ruhezone angezeigt. Ebenfalls sehr nützlich ist eine Merkfunktion für den Parkplatz, damit ein entspannter Einkaufstag nicht mit der quälenden Suche nach dem PKW verdorben wird. Interessant ist auch die Technologie hinter der Applikation: In Innenräumen kommt sie ohne GPS oder WLAN aus. Fastmall ist bereits in 31 Ländern zu nutzen, in Deutschland sind das Oberhausener CentrO und das Frankfurter Hessen-Center als Innenraumkarte angelegt – allerdings noch ohne »Mall Deals«.

- **Kunst entdecken:** Copy-Cats wie das Start-up hinter dem Dienst Wifarer[62], der vor allem auch Museen mit Indoor-Positioning-Technologie aufrüsten will, stehen bereits in den Startlöchern. Das US-Marketing-Magazin *Fast Company* betitelte ein Interview mit dem Geschäftsführer Philip Stanger mit den Worten »Wifarer's Indoor GPS And The Never-Lost Generation«.

- **Endlich Regale finden:** Die Generation, die sich nie verläuft, wird künftig wohl auch die Dienste der Google-Version des Indoor-Mapping in Anspruch nehmen: Google Maps Indoors.[63] Seit Ende 2011 ist dieser Service bereits in den USA und im mobile-verliebten Japan verfügbar. Größere Flughäfen und Shopping-Center haben bereits den Anschluss an das Kartensystem gefunden. Vor allem aber sind großflächige Einzelhändler mit dabei, darunter Macey's, IKEA, Home Depot, Best Buy und Bloomingdale's. In Europa wurden erste Pilotprojekte in der Schweiz angestoßen. Mittlerweile sind u.a.

---

60 www.micello.com
61 www.fastmall.com
62 www.wifarer.com
63 http://youtu.be/Gy-DI_bWElg

das Züricher Sihlcity kartografiert und einige Filialen von Media Markt. Der Vorteil von Google: Der mächtige Konzern kann für einen nahtlosen Übergang zwischen Google Maps und Google Maps Indoor sorgen. Die User-Experience ist demzufolge sehr hoch. Der Nachteil: Die Indoorkarten sind bis jetzt nur für Android-Geräte und Google Maps Mobile ab Version 6.0 verfügbar.

Bricks & Clicks Szenario
Der »Digital Location Manager«: Was bedeuten Innenraumkarten für den stationären Handel?

Wie bei allen ortsbasierten Diensten von Google müssen Location-Betreiber nichts für ihre Präsenz in Indoor Maps bezahlen. Allerdings sollten sie künftig Betreuungs- und Pflegezeiten für digitale Karten von Shops und Räumlichkeiten einplanen. Denn klar ist: Google wird mittelfristig sein gesamtes Ortsinformationsrepertoire – Google Places, Google Indoor Maps und Google+ Local – miteinander verknüpfen.
Die Nutzer all dieser Dienste sind potenzielle Kunden, die mit aktuellen Informationen versorgt werden sollten. Letztlich muss auch der am Point of Sale hinterlassene nutzergenerierte Content – seien es Bilder-Uploads oder Kommentare – im Auge behalten und moderiert werden (siehe Kapitel 6/ Social-Media-Monitoring). Innenarchitektonische Änderungen und Neuplatzierungen von Warengruppen sollten gemeldet werden. Wahrscheinlich werden Einzelhändler, Dienstleister und Betreiber von Einkaufszentren bald im großen Stile »Digital Location Manager« einstellen.

Digitale Prospekte – die Schnäppchen-Finder der Netzgesellschaft

Eine einfache, aber äußerst kundenfreundliche Brücke zwischen Offline- und Online-Welt schlagen Dienste wie kaufDA[64] oder MeinProspekt[65]. Immer mehr stationäre Händler schließen sich dieser komfortablen Form der Prospektverteilung an. Von Autoteile-Händlern über Supermärkte bis hin zu Zoofachgeschäften finden mittlerweile viele Sortimente Platz in den einschlägigen Applikationen für Tablets und Smartphones.

Die Vorzüge von internetgestützten Prospektdiensten seien hier anhand des Beispiels kaufDA skizziert:

---

64   www.kaufda.de
65   www.meinprospekt.de

- **Neue Leser für ein altes Medium:** Was mitunter ungelesen und zentnerweise in Altpapiertonnen wandert, erreicht mit der Aufbereitung für das Internet und mobile Anwendungen eine neue Zielgruppe. Aber auch ältere Menschen werden vergrößerbare Touch-Displays und Suchmaschinen für Prospektangebote zu schätzen wissen.

- **Nahmedium Internet:** Digitalisierte Werbeprospekte sind in den lokalen Kontext des Nutzers eingebunden. Sonderangebote in der Umgebung des Kunden werden verortet, wie vom Papier gewohnt dargestellt und nach Kategorien geordnet.

- **Nicht nur für Handelsketten:** kaufDA bietet speziell zugeschnittene Preismodelle für selbstständige Händler, Filialisten sowie Verbundgruppen und Franchiseketten. Sie sorgen für höhere Attraktivität, B2B-Partner der Plattform zu werden und von der Reichweite zu profitieren. Statistiken über die Nutzung der digitalen Prospekte liefern die nötige Transparenz bei der Kalkulation und Abrechnung. Der Händler zahlt für jeden geöffneten Prospekt. Die technischen Prozesse sind schlank gehalten. Ein PDF der jeweils aktuellen Print-Beilage genügt.

- **Reichweitenaufbau über lokal verankerte Medienpartner:** Affiliate-Partnern von kaufDA wiederum wird ein einfach zu handhabendes Widget zur Einbettung in die eigene Website oder gar eine White-Label-Lösung als lokaler Marktplatz geliefert. Da die IP-Adresse eines Internetnutzers den Standort liefert, erreicht lokal spezifiziert geschaltete Online-Werbung, hier also die angezeigten Prospekte von Geschäften der näheren Umgebung, eine größere Aufmerksamkeit. Der hessenweite Radiosender HIT RADIO FFH mit rund 13 Millionen Seitenaufrufen im Monat beispielsweise hat ein kaufDA-Widget in seiner Website implementiert. Laut der Arbeitsgemeinschaft Online Forschung (AGOF) generiert das kaufDA-Netzwerk 32 Millionen eindeutige Besucher im Monat (Stand: März 2012).

- **Anzeigenblatt 2.0:** Das »Online-Schaufenster für lokales Einkaufen« kaufDA gehört seit März 2011 zur Axel Springer AG, die mit Prospektdiensten vor allem an der Zukunft der lokalen Anzeigenblätter partizipieren will. Nach eigenen Angaben sind rund 220.000 Einzelhandelsgeschäfte und Dienstleister aus Deutschland auf der Plattform mit ihren jeweiligen Informationen vertreten.

- **Raum für zusätzliche (mobile) Umsatzkanäle:** Mehr als eine Millionen Nutzer greifen monatlich über mobile Endgeräte und Applikationen auf kaufDA zu. In absehbarer Zeit könnte man auch im Mobile-Couponing-Geschäft mitmischen. Eine Kooperation mit dem Couponing-Dienstleister

Acardo wurde bereits Anfang 2011 in die Wege geleitet. Es steht zu erwarten, dass sich die Verbraucherinformationsplattform zu einem reichweitenstarken Coupon-Intermediär mausern wird.

Ähnliche Dienste, die den Prospektgedanken ins Internetzeitalter übertragen:

- **Marktjagd**[66] zeichnet sich durch sein breites Partnernetzwerk (u.a. billiger.de, Das Örtliche, Markt.de) aus. Sehr gut ist auch die Facebook-Applikation »Marktjagd for Pages«. Sie hilft stationären Einzelhändlern bei der Darstellung von Produkten und Prospekten auf der händlereigenen Facebook-Seite.

- **»Google Wochenangebote«**[67] steht noch ganz am Anfang. Allerdings konnte der Konzern auch hier wieder seine Größe ausspielen. Metro Cash & Carry und Real konnten bereits als Partner gewonnen werden.

E-Mail-Marketing: Alter Hut oder der sicherste Weg zum digitalen Kunden?

Bei aller Euphorie für das Thema Social Media bleibt festzuhalten: Einbahnstraßen-Kommunikation ist für Händler und Marken noch immer am wirkungsvollsten. Nicht zuletzt weil sie der von Kunden am meisten geschätzte Modus ist, mit substanziellen Nachrichten aus Unternehmen, sei es Werbung oder Service, versorgt zu werden. Deswegen genießt der Newsletter – professionelle Aufbereitung vorausgesetzt – nach wie vor die größte Akzeptanz bei Direktmarketing-Aktionen.

Aktuelle Zahlen aus den USA mögen hier als Beweis dienen (vgl. ExactTarget 2012a):

- Die E-Mail ist auch dort noch immer der am meisten genutzte Weg für persönlich geschriebene Nachrichten.
- Das E-Mail-Postfach wird von 91 Prozent aller Nutzer täglich »gecheckt«, zunehmend auch mobil – im Gegensatz zu Social-Media-Kanälen wie Facebook oder Twitter.
- E-Mail ist der bevorzugte Kanal im sogenannten Permission Marketing und genießt ein hohes »Empfängervertrauen«. Kunden müssen per Opt-in-Verfahren ausdrücklich genehmigen, dass sie Informationen erhalten wollen.

---

66 www.marktjagd.de
67 www.google.de/weeklyads

- 66 Prozent der Befragten im Alter von 15 bis 65 Jahren und älter geben an, dass eine E-Mail einen Kaufabschluss zur Folge hatte (im Vergleich; 65 % Print-Mailing, 24 % Telefon, 20 % Facebook, 16 % SMS, 6 % Twitter).

Was für das Mutterland des Web 2.0 gilt, ist umso mehr für das Social-Media-Entwicklungsland Deutschland relevant. Geht es allerdings um die Erörterung einer adäquaten Multi-Channel-Strategie, ist die hier wesentliche Frage: Wie bringen insbesondere stationäre Händler ihre Kunden dazu, sich als Newsletter-Kunden zu registrieren?

Praxistipp
Newsletter-Kunden gewinnen

Selbstverständlich muss ein Newsletter-System technisch sauber installiert sein, um etwa Abbrüche bei Anmeldevorgängen oder fehlende Empfangsbestätigungen zu vermeiden. Auch sollte der Begrüßungsmail große Aufmerksamkeit geschenkt werden. Der erste Eindruck eines Newsletters ist der wichtigste, sonst landet er schnell im Papierkorb Ihrer Kunden. ExactTarget hat gar herausgefunden, dass ein Viertel der US-amerikanischen Top-Retailer überhaupt keine Begrüßungsmails versenden (ExactTarget 2012b, S. 16). Ein Armutszeugnis!

Die E-Mail ist ohne Zweifel ein idealer Kanal für Bestandskunden. Aber auch diese müssen wie Neukunden zuerst qua Opt-in-Verfahren ihre Zustimmung zum Erhalt von Newslettern geben. Hier einige Beispiele, wo Sie jenseits von Gewinnspielen den Akquisehebel für Newsletter-Kunden ansetzen können:

- **Elektronische Rechnung:** Der digitale »Call to Action« kann insbesondere im höheren Preissegment oder in Branchen jenseits des Lebensmitteleinzelhandels – etwa im Auto- oder Reifenhandel, im Luxusbereich, in der Unterhaltungselektronik oder in dienstleistungsfokussierten Geschäften wie Optikern – über einen elektronischen Rechnungsbeleg erfolgen, der zusätzlich per E-Mail dem Kunden zugeht oder zumindest in digitalisierter Form Verlinkungen zu Kommunikationsangeboten des Händlers im Internet möglich macht. Der Elektrofachmarkt »Euronics XXL Mega Company« aus dem süddeutschen Raum etwa druckt auf jeden Kassenzettel auch einen QR-Code, der den Kunden zur digitalen Kopie des Bons führt.

- **Downloads:** Pflegehinweise und Bedienungsanleitungen für Produkte aus Ihrem Hause können als PDF-Downloads auf Ihrer Website bereitgestellt werden. Nutzen Sie diese Dokumente für den Hinweis auf Ihr Newsletter-Angebot. Der Hyperlink zur Newsletter-Seite sollte im PDF aktiviert sein.

- **Online-Services:** Ob eine Online-Abfrage der Verfügbarkeit von Produkten in den Filialen oder zusätzliche Services für online registrierte Stammkunden – haben Ihre Kunden erst einmal erkannt, dass Ihr Internetauftritt wirklichen Mehrwert bietet, ist der Weg zum Newsletter-Kunden nicht mehr weit.

- **Interaktive Kiosksysteme am Point of Sale:** Serviceterminals wie beispielsweise ein Rezeptberater eignen sich als Newsletter-Bewerbung, wenn der Dienst (hier: Rezepte) stetig aktualisiert wird. Kunden erfahren so per Newsletter über Updates. Ebenfalls als Hebel für mehr Newsletter-Kunden taugen Test- und Analysegeräte, wie sie etwa im medizinischen Bereich oder bei Laufschuhhändlern eingesetzt werden. Ergebnistabellen und Messwerte können per E-Mail zugestellt werden – natürlich in Verbindung mit einem Opt-in.

- **Bühne Einzelhandel:** Wenn Sie regelmäßig Events zur Kundenbindung veranstalten, dann weisen Sie prominent auf den Veranstaltungskalender hin. Kunden verpassen garantiert keine Veranstaltung, wenn sie Newsletter-Abonnenten sind. Bereits frankierte Postkarten eignen sich hier beispielsweise sehr gut: vorne Veranstaltungshinweis, hinten Adressabfrage und Einverständniserklärung. Denken Sie auch an die Möglichkeit der regionalen Auslieferung von Newslettern. Ein guter Kundendatensatz ist hier Gold wert.

- **Content is King:** Interessante Newsletter werden weitergeleitet. Erhöhen Sie die Treffsicherheit und Relevanz bei Kunden durch eine zielgruppenspezifische Ausrichtung der Newsletter-Themen (Männer, Frauen, Mütter, Best Ager etc.). Führen Sie eine hochwertige Kundendatenbank, dann adressieren Sie zum Beispiel Kundengruppen nach deren Vorlieben (Golf oder Fußball, Wein oder Bier etc.).

Instore Media: Neue Medien verändern auch Produktkommunikation und Werbung im Laden

Eine iPhone-erprobte Generation mit hoher Affinität zu smarten Internet- und Medienanwendungen gilt es am Point of Sale zu gewinnen: mit Touchscreen-Wänden, interaktiven Projektionen auf Fußböden, Spiegelscreens für Mode-Shops und neuartigen Interface-Lösungen, welche die Eingabe des Kunden über herkömmliche Tastaturen oder Touchscreens obsolet machen.

Bevor wir uns einigen elektronischen Möglichkeiten der Instore-Kommunikation zuwenden, sei zu allererst eine Lanze für den guten alten Aufsteller, für Schilder und Print in all ihren Ausformungen – vom Fußbodenplakat über den Deckenhänger bis zum Regalschild – gebrochen. Noch immer haben traditionelle Werbemittel und Displays am Point of Sale höchste Relevanz, wenn es darum geht, Kunden mit aktuellen Informationen zu versorgen oder auf Sonderangebote hinzuweisen.

Im hier vorliegenden Kontext soll deshalb stärker der multikanalstrategische Inhalt thematisiert werden. Denn schauen wir auf diesen Aspekt, gibt es nicht nur in Deutschland Nachholbedarf. ExactTarget hat die stationären »Touchpoints« zu den digitalen Kommunikationskanälen des US-amerikanischen Handels näher unter die Lupe genommen und ernüchternde Ergebnisse zutage gefördert (vgl. ExactTarget 2012b):

- Nur 2 Prozent der untersuchten US-amerikanischen Retailer nutzen Hinweise auf Infotafeln in den Filialen, um stationäre Kunden zu Newsletter-Kunden zu machen.
- Nur 5 Prozent bewerben vor Ort ihren YouTube-Kanal.
- Lediglich 8 Prozent weisen auf eine Facebook-Seite oder einen Twitter-Kanal hin.
- Immerhin noch 18 Prozent der 95 stärksten US-Retailer bewerben den eigenen Internetauftritt am Point of Sale.

Diese Zahlen sind umso verblüffender, als viele Studien mittlerweile darauf hinweisen, dass Shopper bei ihren Einkäufen vermehrt Smartphones nutzen, also potenziell am Point of Sale auch als Online-Nutzer anzusprechen sind. QR-Codes oder SMS-Opt-ins ebnen hier schon lange den Weg zur digitalen Ansprache.

- **Interaktiver Rezeptberater am Point of Sale:** Als Maschinen konzipierte Rezeptberater zählen zu den frühen Fantasien, welche die Entwickler der Future Stores in die Welt zu bringen versuchten. Nun, da eine Smartphone-Applikation gleichermaßen Einkaufszettel, Haushaltsplaner, Rezeptbuch, Instore-Guide und Geldbörse sein kann, scheint eine elektronische Kiosklösung am Point of Sale geradezu Platzverschwendung und außer Zeit geraten. Aber nach Angaben der xplace GmbH[68], Spezialist für interaktive Kundeninformation und Digital Signage am Verkaufsort, stehen mittlerweile rund 600 rezeptberatende Touchterminals aus eigenem Hause in deutschen Supermärkten. Zu den Kunden zählen unter anderem Edeka-Märkte. Bis zu 1000 Rezepte können im System hinterlegt werden, das über eine Internetanbindung täglich aktualisiert wird. Das Terminal ermöglicht unter anderem die Suche nach Warengruppen, liefert saisonale Rezeptempfehlungen und druckt den nötigen Einkaufszettel samt Kochanleitung aus. Eine hohe Bedienungsfreundlichkeit qua Touchdisplay, die Integration von verkaufsfördernden Rabattcoupons oder Kundenkarten und die Messbarkeit der Abrufe machen den

---

68 www.xplace.de

Rezeptberater zu einer lohnenden Investition für ambitionierte Lebensmittel-einzelhändler.

- **Facebook in der Umkleidekabine:** Bereits 2007 verblüffte das New Yorker Designunternehmen IconNicholson die Textilbranche, als es den Social-Net-working-Trend am Point of Sale aufgriff: Der »Magic Mirror«[69], eine Multi-media-Garderobe mit direktem Draht zu Chatfreunden, übertrug das Prinzip Facebook auf das Bekleidungshaus. Mit Freundinnen gemeinsam shoppen, auch wenn sie nur am heimischen PC sitzen – das war der Kerngedanke. Die interaktive Umkleidekabine floppte allerdings, weil die meisten Kunden eben keine »Digital Natives« mit scheinbar hemmungsloser Selbstdarstellungslust waren, sondern um die Sicherheit ihrer persönlichen Daten bangten. Interaktive Kiosksysteme werden aber weiterhin ein wichtiges Innovationsfeld im Retail der Zukunft bleiben.

- **Den Freunden ganz nah:** Diesel unternahm 2010 einen erneuten Versuch, die Facebook-Umkleide salonfähig zu machen. Die »Diesel Cam«[70] wurde in spanischen Diesel Stores mit einem im Vergleich zum Vorbild technisch niedrigschwelligeren Zugang platziert. Kunden können sich mit ihrem Face-book-Profil anmelden, ein Foto schießen und es so direkt in das eigene Profil uploaden. Freunde bewerten dann hoffentlich in Echtzeit den neuen Look und liefern eine wichtige Kaufentscheidungshilfe.

Bricks & Clicks Szenario
Instantly Tailored Ads & Services: Werbung und Service passgenau und in Echtzeit

Gerade erst haben wir uns an die Revolution der Touchdisplays auf Smart-phones, Tablets & Co. gewöhnt, schon steht die nächste Umwälzung bei den Schnittstellen zwischen Mensch und Maschine ins Haus: Gestensteuerung und Gesichtserkennung. Was wir bisher vor allem aus Science-Fiction-Filmen kennen, wird bereits mit Prototypen und ersten Pilotprojekten am Markt getestet. Insbesondere in Verbindung mit Augmented-Reality-Elementen (siehe Kapitel 4) könnte hier eine völlig neue Art der Kauferfahrung geschaffen werden, die den Parallelwelten des Internets in nichts nachsteht.

---

69 http://youtu.be/yJCyiBmX69A
70 http://youtu.be/_P-zA90yI64

Gestengesteuerte Geräte sind bereits Verkaufsschlager im Spielkonsolenmarkt. Die Nintendo Wii ermöglicht das virtuelle Tennisspielen oder Boxen bei körperlicher Anstrengung. Allerdings müssen hier noch funkverbundene Steuerknüppel in die Hand genommen werden. Konkurrent Microsoft hat mit Kinect einen Bewegungssensor für seine Spielkonsole Xbox entwickelt, von dessen genreübergreifendem Erfolg der IT-Riese wohl selbst erstaunt ist. Kinect erkennt über eine Kamera die Bewegungsabläufe und überträgt sie in den digitalen Raum. Gliedmaßen und Körper sind sozusagen die Steuerungsgeräte.

- Die argentinische Firma »Agile Route« hat draus ein **Shopper-Tracking-System** gemacht, welches das Kundenverhalten am Regal akribisch genau messen und analysieren kann. Es soll helfen, Ware künftig noch besser zu platzieren. »Shopperception« heißt diese Lösung für den Einzelhandel.[71]

- Technikspezialisten von Whole Foods haben bereits testweise einen **Einkaufswagen mit iPad und Kinect aufgerüstet.** Er erkennt nicht nur die darin platzierten Produkte, sondern gibt auch Hinweise zu den Inhaltsstoffen und warnt den Shopper etwa bei diätproblematischen Zutaten. Außerdem steuert der Wagen, orientiert an der gespeicherten Einkaufsliste, selbst wie von Geisterhand geführt durch den Laden.[72]

Dank **Gesichtserkennungssoftware** ist es bereits möglich, Bewegtbildwerbung im Digital-Signage-Bereich passgenau auf den aktuellen Betrachter abzustimmen. Im Frühsommer 2012 wurden gar Gerüchte laut, der Chiphersteller Intel plane eine Set-Top-Box, die Zuschauer beim Fernsehen erfasst und typgerechte Werbung platziert. Das Prinzip ist einfach: Eine Kamera erkennt das Geschlecht und das ungefähre Alter der Person und ruft die jeweilige zielgruppenspezifische Werbung auf. Gleiches gilt bei der Erkennung von Gruppen und der Identifizierung der ethnischen Zugehörigkeit. Dass derartige Technologien mittelfristig Einzug in das Handelsmarketing finden, ist durchaus realistisch. Könnten doch etwa über die Erkennungssoftware **Schaufensterbetrachter** mit einem passgenauen Wechsel auf den installierten Werbescreens in den Laden gelockt werden.

- Ein »**Alarm**« könnte ausgelöst werden, wenn sich etwa Touristengruppen um das Schaufenster scharen – das Verkaufspersonal tritt dann in Erscheinung und versucht, einen Besuch des Stores schmackhaft zu machen.

- Auch eine **wetterabhängige Beleuchtung des Innenraums oder des Schaufensters** ist denkbar. Hier reagiert das Store-Design flexibel auf die Stimmungslagen der Shopper und betreibt Mood Management: helle Farbtöne, wenn es regnet und stürmt; kühlende Atmosphäre bei brüllender Hitze usw. – alles automatisiert, versteht sich.

---

71 www.shopperception.com; http://youtu.be/PPCkm-qW1BQ
72 http://youtu.be/16GiO8EEVpE

- **Download als Kundenbindung:** Buchhändler haben mit dem boomenden Markt der E-Books und entsprechenden Lesegeräten nun die Möglichkeit, ihre stationären Kunden innerhalb des Ladens etwa mit Leseproben oder Gratis-Downloads zu versorgen. Dies kann über Bluetooth-Schnittstellen an interaktiven Kiosken oder per Download über das ladeneigene WLAN geschehen – Login und Kundendatenabfrage vorausgesetzt. Hier bieten sich neue Hebel für Cross- und Upselling, insbesondere wenn Händler oder Verlage eigene E-Reader auf dem Markt haben, wie das beispielsweise bei der Verlagsgruppe Weltbild der Fall ist, zu der auch Hugendubel zählt.

- **Trendpionier scheitert:** Ein innovativer Ansatz im Digital Signage der Firma CityUp hat es leider nicht geschafft, sich im hart umkämpften Out-of-Home-Werbemarkt zu bewähren: TV-Stelen wurden Shopbetreibern kostenfrei zur Verfügung gestellt. Diese standen dann als Schaufenster-TV zwischen den fensterseitigen Auslagen oder im Wartezimmer. Sie lieferten regional relevante Informationen wie Wettervorhersage oder Veranstaltungstipps. Der Clou jedoch war: Die Werbung des Ladenbetreibers wurde nicht nur im eigenen Schaufenster-TV umgesetzt, sondern zusätzlich über das »Digital Signage«-Netzwerk von CityUp kostenfrei auch an weiteren Standorten ausgestrahlt. Eine Blacklist verhinderte Werbung für die Konkurrenz im eigenen Schaufenster. Externe Werbung der Industrie sollte den Dienst vorrangig finanzieren. Leider hakte das Geschäftsmodell und CityUp meldete – trotz zahlreicher Auszeichnungen – im April 2012 Konkurs an.

Praxistipp

So gelingt erfolgreiches Digital Signage am Point of Sale

Kai Thäsler, Geschäftsführer beim Out-of-Home-Werbespezialist Stroer Digital, sagte gegenüber dem Werbefachblatt *Horizont*, dass der Verkauf von Produkten durch Screen-Kampagnen am Point of Sale um bis zu 19 Prozent gestiegen sei (Elvers 2012, S. 37). Dies offenbart die Potenziale von Digital Signage. Tipps zur Integration von Digital Signage:

- **Digital Signage darf nicht als Berieselungstapete missverstanden werden.** Davon gibt es Instore und out-of-Home mittlerweile genug. Der Mehrwert für Kunden erschließt sich beispielsweise in Kassennähe (Wartezeit überbrücken), am Regal (Promotion) oder durch Interaktionselemente (Touchscreen). Werden Nachrichten eingespeist, sind lokal relevante Informationen vorzuziehen. Ein Drittel News, zwei Drittel Werbung haben sich bewährt.

- **Bleiben Sie technisch auf dem neuesten Stand.** Kabelsalat und Flimmerkisten gehören der Vergangenheit an.

- **Digital Signage kann auch als zusätzliche Einnahmequelle dienen:** etwa über die Werbeplatzvermarktung für Standbilder oder Videos im Instore-TV.

- **Setzen Sie Digital Signage und Kiosksysteme wenn möglich so ein, dass sie auf die Multi-Channeling-Erfahrung Ihrer Kunden eingehen – etwa durch eine Verzahnung des PoS-Angebots mit Ihrem Internetauftritt.**

- **Schützen Sie Ihre Digital-Signage-Systeme vor Hackerangriffen.** Ein Dresdner Rewe-Markt strahlte unlängst statt Nachrichten zum öffentlichen Personennahverkehr Pornobilder auf seinen Screens aus. Eine Mitarbeiterin musste den Stecker ziehen. Ein *Bild*-Leserreporter hat diesen Vorgang allerdings festgehalten.[73]

Interaktive Schaufenster: 7/24 geöffnet

Mit dem Abscannen von QR-Codes verschwindet nicht nur das lästige Eingeben von Internetadressen, sie sind das Bindeglied »zwischen den Welten«: zwischen offline und online, zwischen geschlossenen und offenen Ladentüren (siehe auch Kapitel 4). So wird aus einem Schaufenster ein Online-Shop, in dem 24 Stunden rund um die Uhr bestellt, gekauft und reserviert werden kann. Das Smartphone

---

73 http://invidis.de/2011/06/porno-panne-bei-rewe/

macht den Impulskauf auch vor geschlossenen Türen möglich. Interaktive Medien verändern die Dramaturgie der Schaufenstergestaltung an sich:

- **QR-Pionierin:** Die Boutique von Norma Kameli[74] in Manhattan war eine der ersten Ladengeschäfte, die Mobile Commerce qua QR-Code für ihre Kunden vor dem Schaufenster ermöglichte. Zahlreiche Modemagazine berichteten darüber, selbst die Samstagsausgabe der *New York Times*. Über die App ScanLife[75] konnten die Kleidungsstücke im Schaufenster gescannt werden und bei Gefallen direkt über das mobile Device bestellt werden – zu jeder Tages- und Nachtzeit.

- **Blickfang und Info-Center der Lauf-Community:** Eine Schaufensterseite des »New Balance Experience Store« im US-amerikanischen Boston ist seit April 2012 mit einer medialen Dauerinstallation ausgestattet. Das »Community Board« hält auf verschiedenen Monitoren dynamische Inhalte für Laufbegeisterte der Stadt bereit. Darunter finden sich Hinweise zum traditionsreichen Boston-Marathon wie die U-Bahn-Abfahrtzeiten zum legendären Streckenabschnitt »Heartbreak Hill« oder die Entfernung zu bestimmten Laufstrecken. Auch ganz konkrete markenbezogene Infos werden an der Installation gezeigt, zum Beispiel Spielstatistiken des New-Balance-Trägers und Baseball-Superstars Dustin Pedroia. Entwickelt wurde das Community Board von der Agentur Almighty[76].

> *Bricks & Clicks Szenario*
> **Automaten überbrücken die Lieferlücke**
>
> Applikationen und QR-Codes sind im Grunde nichts anderes als das Comeback der Automaten im digitalen Gewand samt bargeldloser Bezahlung. Ihr einziger Nachteil: Mobil erstandene Produkte werden per Bestellung erst nach Hause geschickt oder können nur zu den Ladenöffnungszeiten abgeholt werden. Vielleicht helfen künftig ausgefeilte Automatensysteme, wie wir sie auch aus Apotheken kennen, bei der direkten Auslieferung der Ware – ordentlich verpackt, versteht sich.

---

74 www.normakamalicollection.com
75 www.scanlife.com
76 www.bealmighty.com

3. Kunden verführen

2010 wurden über 10 Milliarden Rabattgutscheine an Verbraucher in Deutschland verteilt. Damit ist Couponing ein wichtiges Instrument der Verkaufsförderung – gerade als digitale Variante. Es stellt, so das Fazit einer Studie der Unternehmensberatung KPMG und der Forschungseinrichtung ECC Handel, neben Preisportalen und sozialen Netzwerken einen »einflussreichen Teilaspekt« dar, wenn es darum geht, die strategische Lücke zwischen stationärem Abverkauf und Online-Kommunikation des Einzelhandels erfolgreich zu schließen (vgl. KPMG/ECC Handel 2011).

Das Prinzip Rabattgutschein hat sich international bewährt. Auch wenn es hierzulande ein recht junges Werbeinstrument ist. Gefeilt wird in diesem Bereich heute vor allem an der Distribution und den Geschäftsmodellen der Coupon-Intermediäre. Selbst eine Plattform für B2B-Vorteilsangebote will im Sommer 2012 in Deutschland an den Start gehen.[77] Und ein junges Unternehmen namens coPAY[78] steht mit einem innovativen Ansatz in Hamburg in den Startlöchern. Es will Gutscheine für Online-Shops in Cafés und anderen stationären Geschäften unters Volk bringen. In einem Pilotprojekt in zwei Hamburger LeCrobac-Filialen konnten Gäste 4 Euro Ermäßigung auf ihre Bestellung erhalten, wenn sie ihrerseits einen 10-Euro-Gutschein kauften. Dieser konnte dann in diversen Online-Shops eingelöst werden.

Die Ziele, die mit dem Einsatz von Coupons für den Point of Sale erreicht werden sollen, sind klar: Kundenbindung, Neukundengewinnung, Absatzförderung und Cross-Selling. Ungleich vielfältiger sind die Verbreitungswege und Handhabung der Rabattgutscheine. Starbucks beispielsweise gelang es im Sommer 2009, eine Coupon-Kampagne über Facebook zum Erfolg zu führen. Als Standard aber haben sich folgende Modelle etabliert: Ausschneide-Gutscheine auf Printmedien, Treue-Coupons, Regal- und Promotion-Coupons am Verkaufsort, Check-out-Coupons nach der Kassenabwicklung, neuerdings auch Leergut-Coupons und Online-Coupons, die über E-Mail oder über die direkte Platzierung auf Webseiten Verbreitung finden.

Neben diesen klassischen Spielarten des Couponing formiert sich derzeit eine unüberschaubare Zahl von alternativen Anbietern. Darunter das äußerst erfolgreiche (aber durchaus umstrittene) Groupon und Groupon-Nachahmer sowie Anbieter von Mobile-Couponing-Diensten.

---

77 www.business-coupon.de
78 www.copay.de

Grouponing: Werbung auf Messers Schneide

Die Idee schlug ein wie eine Bombe: Jeden Tag aufs Neue exklusiv ein einziges Shopping-Angebot pro Stadt offerieren. Ob Freizeitangebote, Gastronomie, Schmuck oder Wellness-Treatments – Nutzer tragen sich online als Interessenten ein und hoffen, dass der Deal nach Erreichen einer Käufermindestzahl zustande kommt. Ist das der Fall, erhalten die Schnäppchenjäger per E-Mail einen Gutschein, der ausgedruckt vor Ort oder online beim Anbieter eingelöst wird. Groupon ist ein Kunstwort aus Group (Gruppe) und Coupon und wohl eines der aufsehenerregendsten handelsorientierten Internetdienste seit EBay.

- **Das Prinzip:** Was vorher über Social-Commerce-Pioniere als sogenannter »Deal of the Day« und reines Online-Geschäft abgewickelt wurde (vgl. Haderlein/Krisch 2008, S. 31), fand mit Groupon eine Übertragung in den stationären Einzelhandel, aber vor allem in die Gastronomie und in den Dienstleistungsbereich. War der Deal of the Day zeitlich befristet (24 Stunden nur ein Produkt zu einem günstigen Preis) und ein ideale »Lagerräumungsrampe«, so kommen Groupon-Deals erst nach Erreichen einer Mindestzahl an Käufern zustande. Wie sonst ließen sich bis zu 70 Prozent Preisnachlass und eine Groupon-Gebühr von 50 Prozent des Umsatzes auch nur annähernd finanzieren?

- **Die Kritik:** Rendite ist hier jedenfalls weitestgehend Fehlanzeige. Groupon wird vorrangig zur Neukundengewinnung eingesetzt. Zahlreiche Händler aber haben bereits schlechte Erfahrungen gemacht. Etwa weil eine Couponbegrenzung nicht vorgenommen wurde und ein Heer von Kunden zu Recht auf der Einlösung des bereits über Groupon bezahlten Gutscheins beharrte. Oft werden Händler förmlich überrannt und können dem Ansturm kaum gerecht werden. Ein weiteres Manko: Wie bei allen rabattfokussierten Verkaufskonzepten sind die »ins Haus geholten« Schnäppchenjäger alles andere als bindungsfähig. Die Umwandlung der »Grouponisten« in Bestandskunden ist kein Selbstläufer.

- **Die Anziehungskraft:** Das börsennotierte Unternehmen mit Auftritten in über 45 Ländern und einem Umsatz von 559 Millionen US-Dollar im 1. Quartal 2012 strotzt dennoch vor Selbstbewusstsein – auch wenn peinliche Bilanzfehler das Unternehmen Anfang 2012 in Erklärungsnot brachten und zu personellen Veränderungen führten. Es zählt zu den mächtigsten E-Mail-Marketinginstanzen der Internetwirtschaft. Das und ein ausdauerndes Vertriebsteam machen Groupon so begehrt – bei Kunden und bei Händlern. Die Reichweite ist enorm, der Bekanntheitsgrad für ein erst 2008 gegründetes Internetunternehmen sehr hoch. Groupon hat nach eigenen Angaben annähernd 37 Millionen aktive Kunden. Mehr als 100.000 Einzelhändler haben im ersten Quartal 2012 mit dem Unternehmen zusammengearbeitet.

- **Die Wettbewerber:** Groupon ist in den meisten Ländern die Nummer eins unter den Gutscheinportalen. Schärfster Konkurrent in den USA ist LivingSocial[79]. Auch die ganz Großen des kommerziellen Internets setzen mittlerweile auf das Groupon-Prinzip. Die entsprechenden, teilweise noch im Teststadium befindlichen Dienste heißen Google Offers[80], AmazonLocal[81] oder Facebook Offers[82], spielen hierzulande aber noch keine bis untergeordnete Rolle. In den deutschsprachigen Ländern konkurriert das Unternehmen von Andrew Mason zuvorderst mit DailyDeal[83]. 2010 hatte man bereits MyCityDeal aufgekauft.

- **Die Nischen:** Der Boom der Gutscheinportale hat zahlreiche alternative Anbieter hervorgebracht. So finden sich auf Biodeals[84] ausschließlich ökosoziale und auf Nachhaltigkeit ausgelegte Angebote – von veganer High-Fashion-Mode bis zur Beratung über ethisch korrekte Rentenanlagen. 900 Grouponorientierte Plattformen soll es mittlerweile in Europa geben. Da nimmt es nicht Wunder, dass auch ein Gutschein-»Reseller« am Markt ist. CoupFlip[85] profitiert davon, dass zwischen 20 und 40 Prozent der Groupon-Gutscheine nicht eingelöst werden. Eine Geld-zurück-Garantie gibt es bei Groupon aber nicht. Kunden können also auf CoupFlip ihre Online-Coupons weiterverkaufen oder ihrerseits welche erstehen. Bisher ist der Coupon-Marktplatz nur in den USA aktiv.

- **Die Weiterentwicklung:** Groupon hat mit der Smartphone-Applikation »Groupon now« die mobilen Schnäppchenjäger im Auge. Anhand der App werden die Deals in der nächsten Umgebung angezeigt. In Chicago stellte Groupon indes sogar Touchscreens im öffentlichen Raum auf, an denen Passanten die aktuellen lokalen Angebote einsehen und sich Deals sichern konnten. Hier wird Digital Signage zum kraftvollen Marketingwerkzeug für örtliche Unternehmen. Die Touchscreen-Stelen waren am gerade auch von Touristen sehr stark frequentierten Platz Pioneer Court positioniert. Noch bleibt es allerdings bei zeitlich begrenzten Aktionen: Die Pop-up-Terminals wurden wieder entfernt.

---

79 www.livingsocial.com
80 www.google.com/offers
81 www.local.amazon.com
82 www.facebook.com/help/offers
83 www.dailydeal.de
84 www.biodeals.de
85 www.coupflip.com

Mobile Couponing: Die Renaissance der Rabattmarke

Größter Treiber dieser Entwicklung ist das mobile Internet und die verbreitete Nutzung von Applikationen (kurz: Apps). Im vergangenen Jahr, so die Ergebnisse aus dem »EHI Marketingmonitor Handel 2011–2014«, setzten 8 Prozent der befragten Händler Mobile Couponing ein, immerhin 22 Prozent planten zum Zeitpunkt der Umfrage dessen Einsatz (vgl. EHI Retail Institute 2011).

Mobile Marketing aber blieb bis zum bahnbrechenden Erfolg des iPhones weitestgehend ein Wunschtraum von stationären Händlern und Dienstleistern. Zwar haben sich lukrative Nischen herausgebildet, etwa im Mobile Ticketing, von Massenmarkt aber war lange Zeit keine Spur.

So fristete hierzulande selbst nach der Änderung des Rabattgesetzes im Jahre 2001 Mobile Marketing am Point of Sale ein eher stiefmütterliches Dasein. Die ungezwungene Ansprache des Kunden über ein mobiles Endgerät, wie sie heute mit jedweder Shop-Finde-Applikation realisiert wird, war ebenso Zukunftsmusik, wie Instore-Bluetooth-Terminals oder SMS-Push-Aktionen nur bescheidene Akzeptanz fanden. Galt es doch, Kunden mit Angeboten zu penetrieren, anstatt ihnen mit wohldosierten 360-Grad-Kampagnen den Glauben an die eigene Hoheit über Kaufinteresse und Produktinformation zu lassen.

Heute tragen die höhere Durchdringung des mobilen Internets, unzählige umtriebige junge Unternehmen aus dem Reich der Location-based Services und führende Clearing-Dienstleister wie Acardo[86] dazu bei, dass Lockrufe an den Point of Sale nicht ins Leere schallen. Mobile Couponing hat maßgeblichen Anteil daran.

Die Gründe für die späte Blüte der digitalen Rabattmarke:

- **Deutschland ist keine Nation mit Rabattmarkentradition** wie die USA, das Mutterland der Coupons, in dem nahezu jeder Haushalt Gutscheine und Rabattmarken nutzt. Die Wirtschaftskrise sorgte aber auch in Europa für einen verstärkten Einsatz des Couponing aufseiten des Handels und der Markenartikler, um der Discount-Konkurrenz adäquate Mittel bei der Kundenbindung entgegenzusetzen und Kaufimpulse zu erreichen. Hinzu kommen neue Mischformen wie das »Grouponing«, eine an eine Mindestteilnehmerzahl gebundene und regionalisierte Form der Couponvergabe (siehe Kapitel 2/Grouponing).

- Die Nutzung des Handys war in Deutschland lange Zeit und mehrheitlich auf Grundfunktionen wie Telefonieren, SMS, Terminkalender und E-Mailing beschränkt. Nun setzt das **mobile Internet** zu seinem Siegeszug an und mit ihm die intuitivere Handhabung von ortsbasierten Diensten, die dem Couponing als Pull- statt Push-Verfahren höhere Akzeptanz verschaffen. Nach realistischen Einschätzungen nutzen etwa 40 Prozent der deutschen Handybesitzer

---

86 www.acardo-ag.com

ein Smartphone, um Zugriff auf das Internet zu bekommen (vgl. comScore 2012). Im Vergleich zu den USA sind europäische Verbraucher zwar noch zögerlich, das Smartphone als Shopping-Hilfe am Point of Sale einzusetzen, ein Trend allerdings zeichnet sich ab: das Online-Shopping-Verhalten – zum Beispiel direkter Preisvergleich – wird mit internetfähigen mobilen Geräten an den Verkaufsort getragen.

- Noch immer liegt die **durchschnittliche Rücklaufquote** von Coupons hierzulande unter 1 Prozent. Der hohe Personalisierungsgrad und die standortbezogene Kommunikation von Rabattangeboten über mobile Endgeräte erhöhen die Rücklaufquote – so die Expertenmeinung – auf bis zu 15 Prozent, weil die räumliche und zeitliche Distanz zwischen Ausgabe und Einlösung der Coupons geringer wird. Damit sind die Mobile-Couponing-Varianten den erfolgreichen Instore-Coupons ebenbürtig. Experten gehen von 5 bis 20 Prozent am Point of Sale ausgegebener und eingelöster Rabattmarken aus, einschließlich sogenannter Bundling-Coupons, der kostenlosen Zugabe eines weiteren Produkts zum Kauf. Der erhabene Vorteil des Mobile Couponing allerdings ist: **Der finanzielle Aufwand der Kampagnen ist deutlich geringer**, da vor allem keine Druck- und Verpackungskosten entstehen.

- Ein weiterer wichtiger Erfolgsfaktor des Mobile Couponing ist die **Möglichkeit der multimedialen Anreicherung von Couponaktionen**. Die Ansprache der Konsumenten über das Smartphone kann mit Videos, Bildern und Sounds unterstützt und die Couponkommunikation emotional verdichtet werden. Zusätzlich lassen sich Empfehlungsmechanismen wie Weiterleitungen und Nutzerbewertungen einfacher implementieren.

- Und schließlich ist ein **psychologischer Faktor** zu beachten. Wer schnipselige Papier-Rabattgutscheine auf den Kassentresen legt, den mag leicht ein peinliches Gefühl ereilen. Wer will sich schon als Schnäppchenjäger outen? Heute können im Internet aktivierte digitale Coupons über eine Verknüpfung zur verwendeten Kredit- oder Kundenkarte sogar stationär eingelöst werden, ohne dass der Kunde vor Ort einen Papierschnipsel oder einen Code auf dem Smartphone vorlegen müsste.

Zettel-Chaos im Portemonnaie bald Geschichte

Eine frühe Online-Umfrage von Honeywell bestätigt die Erfolgspotenziale des Mobile Couponing. Danach sind 60 Prozent der Mobiltelefonbesitzer bereit, neue Technologien auszuprobieren, die Vergünstigungen über das Mobiltelefon kommunizieren. 49,2 Prozent der Befragten glauben gar, dass sie Rabattmarken und Gutscheine auf diese Art häufiger nutzen würden als herkömmliche Coupons.

ECC Handel befragte im Mai 2011 Konsumenten im Alter vorwiegend zwischen 20 und 29 Jahren nach deren Akzeptanz von Handy-Werbung am Point of Sale. Im Vergleich zum Vorjahr stieg die Interessentengruppe für mobile Werbung auf 40 Prozent der Befragten – eine Steigerung um 12 Prozentpunkte. Eine große Mehrheit schreibt dabei der Werbeform Mobile Couponing einen hohen bis sehr hohen Nutzen zu. Und über drei Viertel der Interessenten gaben an, dass Rabatt-Coupons ihre Kaufabsicht für das Produkt stark bis sehr stark erhöhen würden (vgl. Eckstein/Halbach 2011).

Eine ähnlich gelagerte Studie zum Einsatz und Potenzial mobiler Coupons von GS1 Germany, die in Zusammenarbeit mit ECC Handel erstellt wurde, fragt die bevorzugte Couponapplikation aufseiten der Nutzer ab. Demnach geben zwei Drittel der Befragten an, mehr Vorteile in der Nutzung von Mobile-Couponing-Netzwerken wie beispielsweise Groupon, Coupies oder MyMobai zu sehen. Derartige Plattformen stellen Gutscheinangebote verschiedener Händler und Dienstleister bereit. Coupon-Apps einzelner Anbieter werden von 25 Prozent der Befragten bevorzugt. Am geringsten ist die Akzeptanz von Hersteller-Coupon-Apps (vgl. GS1 Germany/ECC Handel 2012).

Ist Mobile Couponing eine Frage des Sortiments?

Den statistischen Erhebungen nach zu urteilen stehen vor allem gastronomische Angebote und der Lebensmitteleinzelhandel in der Gunst mobiler Schnäppchenjäger. So gibt gut jeder zweite Mobile-Coupon-Nutzer an, bereits digitale Rabattmarken in Restaurants eingelöst zu haben. Noch gut 42 Prozent taten dies im Super- oder Getränkemarkt. Unter den Top-7-Produktkategorien finden sich neben Freizeitangeboten wie Kino aber auch Bücher, Schuhe und Kosmetikartikel.

Eine weitere Studie, die bereits Anfang 2011 das branchenspezifische Potenzial von Mobile Couponing abfragte, kommt zu ähnlichen Ergebnissen. Auch impulskauf-unverdächtige Geschäfte wie der Möbelhandel und Optiker werden noch von gut 30 Prozent der Befragten genannt, wenn es um eine mögliche Nutzung von mobilen Coupons geht. Baumärkte werden gar von 45 Prozent angegeben. Das Fazit der Erhebung: Auch bisherige Coupon-»Verweigerer« fühlten sich von mobil nutzbaren Coupons angesprochen und diese ließen sich in fast allen Branchen nutzen (vgl. Acardo/lb-lab 2011).

Bricks & Clicks Innovation
Next Generation Mobile Couponing

Es ist bei Weitem zu früh, die Durchschlagskraft von Mobile Couponing nur bestimmten Branchen und Sortimenten zuzuschreiben. Denn die entscheidenden Stellschrauben einer verbreiteten Nutzung finden sich nicht in den Warengruppen, sondern in der Mechanik der Verbreitung und des Einlösens selbst. Hier einige Beispiele:

- **Shop Alert und Geofenced Offers:** Lange Zeit war es das beliebteste Szenario zur Zukunft des mobilen Marketings: Kunden tragen ihr Smartphone mit sich herum, nähern sich bestimmten Geschäften und bekommen gleichermaßen von Händlern wie von Marken Angebote per SMS in die Hosentasche gefunkt, die an Ort und Stelle wahrgenommen werden können. Sei es eine Kaffeekreation, die neu auf der Getränkekarte ist, oder der Hinweis auf eine Modeschau im zweiten Stock des Bekleidungshauses, vor dem man gerade steht. Eine Einverständniserklärung zur Aussendung des sogenannten »Shop Alert« wurde natürlich durch ein vorheriges Opt-in-Verfahren auf der Internetseite des Aussenders eingeholt. Nun geht dieses One-to-One-Marketingszenario langsam, aber sicher in Wirklichkeit über. Placecast[87], ein IT-Unternehmen aus dem Silicon Valley, ermöglicht diese Ansprache von Kunden über eine White-Label-Lösung, die in bestehende Applikationen und Mobile-Marketing-Programme nebst detailreichem Messverfahren eingebunden werden kann. Kunden werden dabei über das Funknetz geortet. Der Werberadius ist also eingeschränkt beziehungsweise direkt an einen Point of Sale gebunden – »geofenced«.

- **Card linked Offers:** In den USA werden für das Jahr 2015 jährlich bis zu 1,7 Milliarden Transaktionen mit Kredit, EC- und Prepaidkarte erwartet, die mit sogenannten »Card linked Offers« in Verbindung stehen. 2010 sind es nach Berechnungen der Aite Group[88] erst rund 90 Millionen gewesen. Dies betrifft Angebote und Rabatte, die Retailer über den Zahlungsmittler an die Kunden bringen. Das Bezahlen mit der entsprechenden Karte genügt, um von aktuellen Angeboten zu profitieren. Freilich müssen diese vorher aktiviert werden: über SMS, QR-Code oder einen einfachen Klick auf ein Werbebanner im Internet. Das Unternehmen Linkable Networks hat sich dieses Innovationsfelds angenommen.[89] Der Vorteil für den Kunden: Er muss keine Coupons mehr an der Kasse vorzeigen und einlösen. Rabatte werden automatisch über die Zahlungsabwicklung verrechnet. Vor allem Kundenkarten, die als Guthaben- oder Kreditkarte handhabbar

---

87   http://youtu.be/Uuv9c-yGdL4, www.placecast.net
88   www.aitegroup.com
89   http://youtu.be/2-srA4LvFzE, www.linkablenetworks.com

sind, werden diese Form des Couponvertriebs stärker nutzen. Denn der Vorteil für Handel und Industrie liegt auf der Hand: zielgenauere Aussteuerung von Promotions an Bestandskunden und bessere Messbarkeit des Erfolgs. Da das Smartphone auf dem Weg zur Geldbörse und Kundenkarte in einem ist, steht eine Übertragung des Prinzips der Card linked Offers auf mobile Endgeräte bevor.

- **Instore-Couponing:** Das US-amerikanische Couponing-Start-up Shopkick[90] startete ursprünglich mit folgender Idee: Shoppern, die Produkte im Laden scannten, wurden Bonuspunkte und Rabatte beim Bezahlen an der Kasse gutgeschrieben. In gewisser Weise adressierte Shopkick damit den Jagdinstinkt der Verbraucher und konterkarierte den Preisvergleichs-Scan am Point of Sale. Mittlerweile aber erhält man schon sogenannte »Kicks«, also Bonuspunkte, wenn man nur den Laden betritt. Beim Bezahlen mit Kreditkartenpartnern werden zusätzlich Bonuspunkte gutgeschrieben. Das Smartphone ist in diesem Fall die Kontrollzentrale des Kundenkontos. 110 Millionen US-Dollar Umsatz generierte Shopkick so im vergangenen Jahr für seine 11 nationalen Einzelhandelspartner und einige Freizeiteinrichtungen. Nach eigenen Angaben hat Shopkick mehr als 3 Millionen aktive Nutzer.

Best Practices im Mobile-Couponing-Markt

Eine ganze Armada von Mobile-Couponing-Diensten hat sich in Stellung gebracht. Hinzu kommt, dass Anbieter wie Groupon mittlerweile ebenfalls die papierlose Einlösung von Gutscheinen ermöglichen. Hier können deshalb nicht alle en detail vorgestellt werden. Die folgenden Beispiele stehen stellvertretend für die wichtigsten Ansätze:

- **Coupies – der Trendpionier aus Köln:** Wer Filialisten und große Franchisehäuser als Partner für Couponkampagnen gewinnt, der profitiert von der größeren medialen Aufmerksamkeit. So konnte das Start-up Coupies[91] nicht nur den Hähnchenbrater KFC davon überzeugen, digitale Rabattmarken zur Kundenbindung und Neukundengewinnung einzusetzen. Auch der Babyausstatter Babywalz mischte relativ früh beim Mobile Couponing mit. Mittlerweile hat Coupies zahlreiche Vertriebspartner gefunden, insbesondere Location-based Services und Gastrobewertungsportale, um für eine größere Verbreitung der Coupons zu sorgen. Das Entscheidende aber: Das Anlegen von Rabattmarken über den »Coupon-Generator« ist auch für kleine Shopbe-

---

90 www.shopkick.com
91 www.coupies.de

treiber und Dienstleister spielend einfach – noch dazu zu fairen Konditionen. Und auch beim Einlösen am Point of Sale setzt Coupies mit der NFC-Technologie auf Innovation. Mittlerweile ist das Start-up sogar in Spanien und in Hongkong am Markt.

- **Open Wallet – durchdacht von vorn bis hinten:** Der Abwicklungsspezialist Acardo testet im Juni 2012 seine neue Lösung für digitales Couponing »Open Wallet«[92]. Mit der EDEKA-Südwest-App können Kunden im Rahmen dieses Pilotprojekts marken- und plattformübergreifend digitale Coupons sammeln, verwalten und an 15 Standorten des Lebensmitteleinzelhändlers mit dem Smartphone einlösen. Nach der Vorlage erfolgt eine automatische und revisionssichere Einlösung der Coupons durch das in die Kassensysteme integrierte Clearing-Verfahren von Acardo. Die Couponverteilung reicht von QR-Codes auf Plakaten über Instore-Promotions bis hin zu Partnerunternehmen wie kaufDa, die Coupons über digitale Prospekte verbreiten (siehe Kapitel 2/Gesucht/gefunden).

- **Payback – integrierte Coupons ohne großes Aufsehen:** Der Platzhirsch unter den Kundenbindungsprogrammen Payback sorgt für einen weiteren Schub im Mobile Couponing. 60 Prozent aller Haushalte in Deutschland besitzen eine Payback-Karte. Mit einer zusätzlichen Payback-App können seit Mai 2010 in den Filialen der Partnerunternehmen deutschlandweit aktuelle und individualisierte Coupons auch über Smartphones eingelöst werden. Die mobilen Gutscheine der App werden per Klick hinterlegt. Die Punkte werden dann dem Konto des Payback-Kunden automatisch gutgeschrieben, sobald er – wie gewöhnlich – seine Karte an der Kasse vorgezeigt hat. Es ist kein Einscannen oder Vorzeigen von Codes an der Kasse mehr notwendig. Nun hat das Unternehmen dieses mobile Prinzip auch auf seinen Internetservice übertragen. Payback-Karteninhaber können seit Juni 2012 sogenannte »eCoupons« vor dem Bezahlen über eine entsprechende Seite im Netz aktivieren.

- **QR-Shopping im Blick:** Im noch jungen Markt tut sich hierzulande derzeit die »mr. net group«[93] hervor. Sie sieht vor allem in der engeren Verzahnung von QR-Code und Mobile Payment ein lukratives Geschäftsfeld. Der Outsourcing-Dienstleister hat bereits den Coupon-Dienst Loxideals[94] sowie das auf mobile Zahlungsabwicklung spezialisierte Unternehmen QR10[95] übernommen.

---

92 www.acardo-ag.com/247.0.html
93 www.mrnetgroup.com
94 www.loxideals.de
95 www.qr10-demo.com

Schwachstellen – Standards, Kassensystem und Marktfragmentierung

Standards werden sich nur schleppend etablieren, denn zunächst ist von einer weitergehenden Fragmentierung des Mobile-Couponing-Marktes auszugehen. Dies macht es Händlern nicht gerade leicht, den richtigen Marketingpartner zu finden. Klar aber ist, Handelsketten werden tendenziell auf integrierte Lösungen wie jene von Acardo setzen, kleine Shopbetreiber sind besser bei Coupies oder Dealomio aufgehoben.

Die schwierigste Hürde auf dem Weg zum Massenmarkt bleibt dennoch nach wie vor die Hardware am Point of Sale und die Erfolgsmessbarkeit. Lediglich 8 Prozent von 61 befragten Händlern im deutschsprachigen Raum können Mobile Coupons über integrierte Funktionalitäten in ihrem Kassensystem annehmen (vgl. EHI Retail Institute 2012b). Diese Zahl deckt sich mit den oben erwähnten Händlern, die Mobile Couponing bereits einsetzen. Fast jeder dritte Einzelhändler kann Print-Coupons über das Kassensystem erfassen.

Für einen reibungslosen – das heißt vor allem schnellen und messbaren – Ablauf beim Check-out sind die technische Aufrüstung und Schulungen des Personals unerlässlich. Noch sehr gut kann ich mich an meine ersten eigenen Erfahrungen im Umgang mit mobilen Coupons erinnern. Als ich 2009 eine über den Online-Vermittler Coupies erstandene Rabattmarke qua Smartphone am Point of Sale einlösen wollte, war das Personal offensichtlich überfordert. Der Gutscheincode musste noch handschriftlich übertragen werden. Das Personal erwischte ich ohnehin auf dem kalten Fuß. Nach fünf Minuten standen drei Mitarbeiter des Store um mein Smartphone – inklusive Marktleiterin. Im Hintergrund zierte ein riesiges Plakat den Kassenbereich, auf dem die Mobile-Couponing-Kampagne beworben wurde. Das ist das Leid der Early Adopter.

Mobile Couponing wird erst mit der flächendeckenden Etablierung von Scannern und Standards der Entwertung von digitalen Rabattmarken auf Handydisplays einen wachsenden Anteil am Couponing-Boom haben. Kassensysteme haben eine durchschnittliche »Lebenszeit« von 5,4 Jahren, entsprechende Software wird im Schnitt 7 Jahre lang genutzt (vgl. EHI Retail Institute 2012b). Aufgrund der Dynamik der technologischen Entwicklung sind hier Systeme mit offenen Standards sicher im Vorteil, weil sie schneller mit neuen Funktionen aufzurüsten sind. Allerdings könnten der Durchsetzung des Mobile Couponing auch neue Mobile-Payment-Lösungen Vorschub leisten (siehe Kapitel 5/Mobile Payment).

Praxistipp
Was Sie beim Mobile Couponing beachten sollten

- **Die Kraft der lokalen Märkte:** Erfolgreiche Mobile-Couponing-Konzepte leben von der lokalen Verankerung. Sorgen Sie für entsprechenden Gesprächsstoff in der Stadt – und haben Sie ein Auge auf Innovationen im Location-based Advertising. Die unmittelbare Kundenansprache über mobile Endgeräte am Point of Sale ist keine Zukunftsmusik mehr.

- **Die Kunst der Verknappung:** Dauer-Couponkampagnen sind Geldvernichtungsmaschinen. Setzen Sie auch im Mobile Couponing auf Orchestrierung und damit auf ausgewogenen und steuerbaren Absatz – entweder lokal durch Beteiligung ausgewählter Filialen pro Kampagne, warenbestandsspezifisch oder zeitlich durch Rhythmisierung des täglichen Abverkaufs (zum Beispiel Gastro-Coupons nur zu frequenzarmen Tageszeiten).

- **Das Muss der Verbreitung:** Die Verbreitungswege von mobilen Coupons sind so vielfältig wie die beworbenen Produkte und Dienstleistungen. Stellen Sie sicher, dass Sie alle digitalen Touchpoints – vom QR-Code am Plakat über diverse Apps und Location-based Services bis hin zur mobilen Landing Page des Unternehmensauftritts – für die Bewerbung nutzen

- **Der Mehrwert der Kooperation:** Transaktionsdienste wie Mobile Couponing oder Mobile Commerce müssen mittelfristig mit zusätzlichem Mehrwert angereichert werden, wollen sich Anbieter von der Konkurrenz abheben – etwa durch zusätzliche Unterhaltungsangebote beim Bedienen der App, in Verbindung mit Augmented-Reality-Konzepten oder durch Incentivierung der Nutzer qua Anbindung an soziale Netzwerke.

F-Commerce: Werben und Verkaufen über soziale Netzwerke

Mit *Likeonomics* (vgl. Bhargava 2012) ist bereits ein Sachbuch erschienen, das suggeriert, die kommunikative Revolution im Markendenken würde künftig allein über Facebook organisiert werden. Diese Auffassung ist natürlich umstritten. Zu vielfältig ist das Internet in all seinen Nutzungsweisen, zu schnell verlagern neue Dienste wie etwa Pinterest die Aufmerksamkeit der Nutzer, aber auch die der Experten. Außerdem macht sich bereits eine Facebook-Müdigkeit breit. So sank die Interaktionsrate im weltweit größten Social Network von 4,3 Prozent (2010) auf nur noch 1,5 Prozent (2011). Ein allzu normaler Vorgang, zeigt er doch, dass ein neues Medium nach anfänglicher Erprobung zur Normalität wird. Zu Tode kommunizieren werden sich Menschen auch in Facebook nicht. Einmal mehr bestätigt sich die 90/9/1-Erfahrungsregel, nach der

- 90 Prozent der Nutzer mit einer passiven Lean-back-Haltung im Web 2.0 unterwegs sind (nur lesen und liken),
- 9 Prozent mit einer Lean-forward-Haltung etwas aktiver sind (kommentieren, bewerten, Bilder hochladen) und
- lediglich 1 Prozent in der sogenannten Jump-in-Haltung vor Rechner und Smartphone sitzen (selbst Texte kreieren, eigene Videos hochladen etc.).

Und dennoch, Facebook auf das Abstellgleis der Mediengeschichte zu stellen wäre fatal. Zu mächtig, zu verlockend ist das Parallel-Internet mittlerweile. Denn es integriert eine Vielzahl an Kommunikationstools auf einer Plattform: Chat, E-Mail, Blogs. Das »Welttelefonbuch« macht schlicht und ergreifend das (Internet-)Leben bequemer. Das ist der Grundstein seines Erfolgs.

An anderer Stelle habe ich mich bereits kulturkritisch mit dem Phänomen Facebook auseinandergesetzt (vgl. Haderlein/Seitz 2011, S. 64 ff.). Deshalb möchte ich im Folgenden die für den stationären Handel spezifischen positiven Anknüpfungspunkte beim sogenannten Community-Marketing (vgl. Haderlein 2006, S. 10 ff.) näher ausführen.

Den Ausführungen liegen zwei zentrale Annahmen zugrunde:

1. **Medienzeit ist »sozialer« geworden.** Medienzeit investierten Mediennutzer früher vornehmlich rezeptiv in die Tageszeitung, in Magazine und Zeitschriften, in Pfennigromane, Außenwerbung, in TV oder Radio. Heute wird mehr denn je Zeit aufgewandt, die eigene digitale Identität im Netz zu pflegen, kommunikative Anschlüsse offenzuhalten, das persönliche multimediale »Backup« (Bilder, Videos, MP3-Dateien etc.) zu verwalten und sich mit Freunden, Geschäftspartnern und Gleichgesinnten global oder lokal online zu vernetzen.

2. **Unternehmen gehen früher oder später immer dorthin, wo deren Kunden sind.** Facebook ist zweifelsohne das »Lagerfeuer« der heutigen Zeit. Kein Unternehmen kann es sich erlauben, dieses Parallel-Internet zu ignorieren. Denn gerade hier bieten sich vielfältige Formen der Kontaktaufnahme zum Kunden. Ob es Facebook in zehn Jahren noch geben wird, kann niemand sagen. Fest jedoch steht, die Strukturen bleiben erhalten. Andere Erwartungshaltungen gegenüber Unternehmen (wie beispielsweise bei der Erreichbarkeit oder der Verfügbarkeit von Information) werden sich etabliert haben. Heute noch ungewöhnliche Dialogformen zwischen Händlern und Kunden werden dann zum Standardrepertoire des Einzelhandels zählen.

Facebook ist nur ein Name – der Trend heißt Social Networking

Gerade in Bezug auf die Nutzung von sozialen Netzwerken herrschen zum Teil enorme länderspezifische Unterschiede. In den USA, aber auch in Kanada, Australien oder Schweden ist mittlerweile jeder zweite Bürger mit einem Facebook-Profil vertreten. Brasilien folgt zahlenmäßig auf dem zweiten Platz hinter den USA. Zudem ist die mobile Nutzung sozialer Netzwerke in Brasilien sehr weit verbreitet, da das Handy insbesondere bei der Privatnutzung die einzige Möglichkeit bietet, überhaupt online zu gehen.

Im Ländervergleich offenbaren sich aber auch kulturspezifische Unterschiede, etwa beim Hang zur Selbstdarstellung und wie dehnbar der Begriff der Privatsphäre ist. In technologieaffinen Nationen wie Japan spielen die mobile Nutzung des Internets und Mobile Commerce eine weitaus größere Rolle als im Rest der Welt. In Asien wiederum ist Facebook tendenziell weniger verbreitet als andere Social-Networking-Plattformen. Deutschland kann im europäischen Vergleich als verhältnismäßig zurückhaltend bei der Nutzung von Social Media betrachtet werden, obgleich auch hierzulande gut 24 Millionen Menschen auf Facebook sind.

Im vorliegenden Buch kann nicht auf länderspezifische Eigenarten eingegangen werden, vielmehr soll der übergreifende Trend, sich über Internetplattformen auszutauschen und zu präsentieren, am Beispiel Facebook festgemacht werden.

Belastbare Zahlen zum spezifisch über Social Media konstituierten Verhältnis zwischen Handelskunden und Retail-Unternehmen liegen bislang nur für die USA vor. Die »2012 Social and Mobile Commerce Study« (vgl. comScore/ Shop.org/The Partnering Group 2012) untersucht repräsentativ das Konsumentenverhalten entlang der Nutzung von Facebook, Twitter, ortsbasierten Diensten, Bewertungsplattformen und anderen Web-2.0-Diensten. Die Studie kommt zu folgenden wichtigen Ergebnissen:

- Durchschnittlich folgen US-Konsumenten 9,3 Handelsunternehmen über die aufstrebende und visuell getriebene Plattform Pinterest.
- Mit 6,9 Händlern tritt man als Fan über Facebook in Kontakt.
- Im Schnitt werden 8,5 Retailer über das Kurznachrichten-Tool Twitter »verfolgt«.
- Corporate Blogs, Facebook und YouTube absorbieren insgesamt die größte Aufmerksamkeit bei der Nutzung von derartigen Medien.
- 70 Prozent der Leser eines Unternehmensblogs gehen auch regelmäßig auf dessen statische Website.
- 68 Prozent der 1.507 befragten US-amerikanischen Online-Nutzer suchen über YouTube nach Unternehmensinformationen.
- Die Beweggründe, einem Händler über Social Media zu folgen, sind folgendermaßen gewichtet: Informationen über Angebote und Rabatte (51 %), Pro-

duktinformation (43 %), Kommentare und Serviceanfragen (36 %), Hinweis auf Veranstaltungen (34 %), Trends und Ideen (31 %), Fotos und Videos (30 %) sowie Tipps und Anleitungen (27 %).
- 33 Prozent der Smartphone-Nutzer geben an, Händlern über Location-based Services wie Foursquare bereits den Standort mitgeteilt zu haben (etwa beim Besuch einer bestimmten Filiale).

Mit Facebook Geld verdienen

Vom E- zum F(acebook)-Commerce ist es noch ein weiter Weg. Einer Umfrage der Werbeagentur BBDO Germany von 2011 zufolge haben erst 8 Prozent der Netzwerknutzer etwas in einem Facebook-Store gekauft. Für Online-Store-Betreiber heißt das konkret: Gegenwärtig beträgt der Umsatz eines Facebook-Store 2 bis 5 Prozent des E-Store (vgl. BBDO Germany 2011).

Einen eigenen Facebook-Store im Rahmen der Multikanal-Strategie zu etablieren erfordert neue konzeptionelle Ansätze, wie auch BBDO Germany konstatiert:

> *»Im F-Commerce muss das Angebot den Weg zum Käufer finden und nicht umgekehrt. Es reicht deshalb nicht, Produkte schlicht auf der Seite zu platzieren. Mit aufmerksamkeitsstarken Kampagnen sollten nicht nur potenzielle Käufer erreicht, sondern auch Interaktionen der Nutzer mit der Marke oder untereinander stimuliert werden. Die Phasen vor und nach dem Kauf, in denen das Produkt geteilt und empfohlen wird, sind genauso wichtig wie der Kaufabschluss selbst. Einen nahtlosen Übergang von Interaktion zu Transaktion zu schaffen wird die künftige Aufgabe von Kommunikationskampagnen auf Facebook sein. Neue Anforderung an Social-Media-Spezialisten wird sein, Storytelling mit Product Selling zu verknüpfen.« (BBDO Germany 2011, S. 29)*

Seit dem ernüchternden Börsenstart im Mai 2012 steigt der Druck auf das von Marc Zuckerberg gegründete Unternehmen gewaltig. Facebook sucht nach neuen Erlösmodellen jenseits von Werbeeinnahmen. Von der Entwicklung eines eigenen Smartphones ist die Rede. Börsen-Gurus kolportieren, dass Facebook-Credits, die interne Währung des Netzwerkes, etwa für virtuelle Güter in Spielen, bald auch für Geschäfte unter einzelnen Nutzern eingesetzt werden könnten – ein blaues EBay wäre die Folge. Und in einer Allianz mit Microsoft will man dem Suchmaschinen-Platzhirsch Google Paroli bieten. Unterm Strich aber bleibt festzuhalten: Die härteste Währung der Welt kann auch Facebook bislang nicht einlösen. Und diese heißt: Vertrauen. Zu groß sind bisher die Datenschutz- und Sicherheitsbedenken der Nutzer, wenn es etwa darum geht, Zahlungen über das Social Network abzuwickeln.

Für vertrauensbildende Maßnahmen aber, die über die Nutzer selbst generiert werden, ist Facebook kein schlechter Ort. Etwa 90 Prozent der Facebook-Nutzer, so die Verlautbarungen der Marktforscher von Nielsen, geben an, den Empfehlungen ihrer »Freunde« im sozialen Netzwerk zu vertrauen. Mundpropaganda heißt dieses Vehikel. Es ist so alt wie die Menschheit und es bekommt im digitalen Zeitalter eine neue Qualität und Dynamik.

Praxistipp
Community-Manager statt Verkäufer: Social Media braucht professionelle Strukturen

Werben heißt in Bezug auf Facebook vor allem: werben lassen. Für den stationären Handel heißt dies, wenigstens einen kompetenten Ansprechpartner über die hauseigene Facebook-Präsenz zu etablieren. Dieser ist kein »Marktschreier«, sondern Community-Manager, der sowohl positive als auch negative Kommentare moderiert und Fans zur Interaktion stimuliert.

76 Prozent der vom Forschungsinstitut EHI befragten Händler haben einen Facebook-Account. Allerdings nutzen nur 46 Prozent diesen dominanter werdenden Kanal für Kommunikationsmaßnahmen (vgl. EHI Retail Institute 2012a). Immerhin haben aber ein Viertel aller Händler bereits eigene Social-Media-Abteilungen eingerichtet und entsprechende Mittel aufgestockt. Denn mittlerweile nutzen auch 57 Prozent einen YouTube-Kanal und gar 43 Prozent setzen Twitter ein. Diese Kanäle wollen professionell betreut werden.

Community- oder Social-Media-Manager sollten deshalb nicht halbherzig eingestellt werden oder gar als »Praktikantenjobs« vergeben werden. Denn Community-Manager sitzen heute an der Schnittstelle zwischen PR und Marketing und sind ganz nahe am Puls der vernetzten Kunden. In den nächsten Jahren wird diese Aufgabe zunehmend klarer und bedeutungsvoller. Der Bundesverband Community Management e.V.[96] bemüht sich schon seit geraumer Zeit um die Professionalisierung dieses Berufsbildes.

Like-minded Communications heißt »werben lassen«

Die Daumen-hoch-Geste des größten sozialen Netzwerks der Welt reduziert digitales Dialogmarketing auf ein Minimum – und das mit höchst viralen Folgen. Facebook hat mit seinem Like-Button zweifelsohne einen entscheidenden Beitrag zu mehr nutzergenerierter Information bei der Entscheidung für oder gegen ein Produkt geliefert. Durch die einfach zu handhabende Einbindung des Facebook-Daumens auf Produktseiten von Online-Shops findet ein Ange-

---

96 www.bvcm.org

bot mitunter eine größere Verbreitung, als dies mit herkömmlichen Mitteln der Fall wäre. Die potenzielle Kundengruppe vergrößert sich von selbst, weil jeder Daumen-Klick einen Pinnwandeintrag mit der verlinkten Produktseite erzeugt. Dieser wiederum kann von Freunden gelesen werden und seinerseits den Weg zu Freunden von Freunden finden.

Unternehmen wie der Social-Commerce-Pionier Polyvore[97] haben darauf ganze Geschäftsmodelle im E-Commerce entwickelt. Polyvore ermöglicht seinen Nutzern – fast ausschließlich Frauen – über freigestellte Produktbilder eigene »Styles« vom Hut bis zu den Schuhen zusammenzustellen und diese im Facebook-Profil zu posten. Je ansehnlicher eine Zusammenstellung, desto höher ist die Wahrscheinlichkeit der Verbreitung innerhalb der Community. Polyvore selbst verdient an den Vermittlungsprovisionen, denn jedes freigestellte Produkt kann einem Internetstore zugeordnet werden.

Polyvore hat das Urprinzip der Mundpropaganda auf das Internet und E-Commerce übertragen. Dieses »Zeig-mir-deinen-Style« der neuen Online-Welt ist zudem ein kollaborativer Filter. Wer in der gigantischen Angebotsfülle des Internets den Überblick behalten will und solide Informationen von Datenmüll trennen möchte, der traut Gleichgesinnten. So funktioniert auch der Social-Shopping-Dienst Edelight[98]. Dieser unterstützt Unentschlossene bei der Produktauswahl. Nachdem man bestimmte Angaben zu seiner Person gemacht hat, werden über Lieblingslisten anderer Mitglieder, die Ähnlichkeiten zum eigenen Profil aufweisen, gezielt Produkte vorgeschlagen. Ein ähnlicher Anbieter heißt Smatch[99], das aus dem zur Otto-Gruppe gehörenden Portal shopping24.de hervorging.

Smarte Web-Intermediäre positionieren sich heute so mit hohem Nutzervertrauen im Hintergrund der sozialen Netzwerke (vgl. Haderlein/Krisch 2008). Was im E- respektive Social Commerce schon gang und gäbe ist, findet nun aber auch immer mehr den Weg in die stationäre Produktwelt:

- **Die Offline-online-Brücke:** Die Anwendung Likify[100] der belgischen Kommunikationsagentur Boondoggle etwa ermöglicht es, reale Dinge auf Facebook zu liken. Dazu muss nur ein QR-Code, der an realen Objekten wie Poster, Schaufenster, T-Shirts, Flaschen etc. befestigt ist, mit dem Smartphone eingescannt werden. Der Nutzer gelangt auf eine gebrandete Landing Page, die mit dem »I Like«-Button versehen ist. »Liked« man das Produkt, wird im Facebook-Profil des Nutzers sein Lieblingsobjekt gepostet. Likify fungiert so als Brücke zwischen der Online- und Offline-Aktivität des Shoppers. Im Marketing wurde Likify bereits erfolgreich eingesetzt: Nike Belgien nutzte I-

---

97 www.polyvore.com
98 www.edelight.de
99 www.smatch.com
100 www.likify.net

Like-QR-Codes für eine Kampagne, bei der Kunden Laufstrecken bewerten konnten.

• **»Likifizierte« Kleiderbügel:** Der umgekehrte Weg – vom Internet in den stationären Handel – wurde in Sachen Kundenmeinung und »Mag ich«-Mechanik noch nicht allzu oft beschritten. »Fashion Like« heißt eine charmante Multikanal-Kampagne des bekannten Modehauses C&A, die in Brasilien lanciert wurde. Ausgewählte Kleidungsstücke wurden für den C&A-Facebook-Auftritt[101] so eingerichtet, dass die Online-Betätigung des Like-Buttons auch auf eine Ziffernanzeige an den entsprechenden Kleiderbügeln in den Filialen übertragen wurde. In Echtzeit konnten Kunden so in den stationären Shops erkennen, welche Kleidungsstücke online am besten ankamen. C&A dürfte bewusst das social-networking-affine Brasilien für die Kampagne ausgewählt haben. Bald sind 50 Millionen Brasilianer auf Facebook registriert, rund ein Viertel der Bevölkerung. Die Wachstumsraten sind zweistellig. Das aufstrebende Schwellenland ist zahlenmäßig zweitgrößte Nation innerhalb des Netzwerkes nach den USA mit 157 Millionen Mitgliedern. Deutschland rangiert nach Angaben von Socialbakers[102] mit ca. 24 Millionen Facebook-Mitgliedern auf Platz 10 (Stand: Juni 2012). Die brasilianische Facebook-Präsenz des Fashion-Retailers zählt über 360.000 Fans. Zum Vergleich: C&A Deutschland nur um die 50.000.

Noch sind die oben genannten Beispiele erste Gehversuche in einem zunehmend dichter werdenden Gewebe zwischen Online-Kommunikation auf der einen und physischer, multisensualer Erfahrung des Kunden am Point of Sale auf der anderen Seite. Fest steht: Künftig werden die Empfehlungsmechanismen des webbasierten Social Commerce auch am Verkaufsort greifen müssen.

Allerdings gilt es, auch die Hemmschwellen dieser Entwicklung genauestens im Auge zu behalten:

• Smartphones mit Internetzugang stecken mittlerweile in fast jeder Handtasche – wer braucht da noch Webterminals zum Interagieren mit Freundinnen?
• Anonyme »Likes« auf Kleiderbügeln haben relativ wenig Aussagekraft. Denn Menschen wollen vor allem wissen, was im eigenen Freundeskreis ankommt. Empfehlungen von Freunden haben größeres Gewicht.
• Die Datenschutzdebatte sensibilisiert zunehmend auch jüngere Zielgruppen. Profile in »fremde« Geräte einzugeben erfordert höchstes Vertrauen in den Händler beziehungsweise Anbieter.

---

101 www.facebook.com/ceaBrasil
102 www.socialbakers.com/facebook-statistics/

Eigenwerbung auf Fanseiten – ein Spagat zwischen Relevanz und Penetranz

Der größte Fehler ist, das soziale Netzwerk Facebook als ausschließlich unidirektionalen Werbekanal zu missbrauchen. »Relevanz schlägt Penetranz« ist eines der Kernergebnisse der Studie »Beyond the Digital Hype«, welche die Managementberatung Brand:Trust[103] in Zusammenarbeit mit dem Kölner Forschungsinstitut ECC Handel im Mai 2012 veröffentlicht hat. Diese These gilt in erster Linie für Hersteller und Marken. Die Kundenbeziehung im Einzelhandel wird zwar auch über die klassischen Hebel des Markenmanagements aufgebaut – hierzu zählen etwa Customer Involvement oder Storytelling –, im stationären Verkauf wird allerdings auch kundenseitig erwartet, dass mit konkreten Angeboten Impulse gesetzt werden.

Meldungen etwa, welche die Schlagwörter »Gutschein« oder »Coupon« enthalten, stoßen bei den Facebook-Nutzern auf höchstes Interesse. Kundendialog ist eben das eine, die Geldbörse das andere. Natürlich sind Preisargumente und Rabatte auch im Internet die Zugmaschinen der Kundenansprache. Flankiert von Gewinnspielen, Kundenbefragungen oder Bewertungen von Rezeptideen findet Interaktion im Kommentarfeld selbst beim banalsten Lockruf statt – auch wenn kritische Stimmen unvermeidbar sind.

Verbraucherumfragen zur Nutzung von Unternehmensseiten in Facebook ermitteln durchweg: Die wichtigsten Beweggründe sind altersübergreifend die Hoffnung auf Rabatte und Sonderangebote sowie die Möglichkeit, Serviceanfragen zu stellen. Wohldossiert findet Werbung auf Facebook durchaus Anklang – zumindest wird sie nicht durchweg als störend empfunden.

Außerdem bietet Facebook auch kreativen Spielraum. So fährt die junge »Fidor Bank« nicht nur rhetorisch im Fahrwasser der allgemeinen Social-Media-Begeisterung (»Banking mit Freunden«), sondern sie hat auch den weltweit einzigartigen »Like-Zins«[104] eingeführt. Noch bis 31.12.2012 trägt jeder neuer Facebook-Fan der Bank zur höheren Verzinsung des FidorPay-Kontos bei.

Werbung ist auch auf der Fanseite von Lidl kein Problem. Der Discounter hat sich als einer der wenigen Einzelhändler fundamental dem Social-Media-Marketing zugewandt. Unlängst wurde die 1-Million-Fanmarke geknackt. Zum Vergleich: Die Facebook-Seite von Rewe[105] wurde bisher rund 63.500-mal »geliked«, Edeka[106] kommt auf rund 35.000 Fans. Lidl punktet nicht nur im quantitativen Vergleich, sondern auch bei der Response-Quote. Durchschnittlich erhalten einzelne Nachrichten mehr Kommentare von Nutzern als beim Wettbewerber.

Eine gute Social-Media-Kampagne für den stationären Handel verknüpft zumindest drei Komponenten: Nähe, Emotionalität und Preis.

---

103 www.brand-trust.de
104 www.fidor.de/likezins
105 www.facebook.com/Rewe
106 www.facebook.com/Edeka

Kundenkarten und Nutzerprofile aus sozialen Netzwerken

Der Traum eines jeden Marketingverantwortlichen ist, Nutzerprofile aus sozialen Netzwerken künftig mit den Daten des Kundenbindungssystems zu verschmelzen. Denn dies würde der eigenen Marktforschung sehr konkrete Informationen über die Bedürfnislagen der Kunden und zahlreiche Kommunikationsanschlüsse liefern. Rechtlich ist dieses Terrain ein Minenfeld.

Aber Payback geht bereits erste Schritte in diese Richtung. Denn der Platzhirsch will sich Facebook auch als Akquiseplattform für neue Karteninhaber zunutze machen. Bereits jetzt hat jeder zweite Payback-Nutzer auch ein Facebook-Profil. Die »Payback Likes Lounge« ist eine Anwendung innerhalb des Facebook-Auftritts des Münchner Unternehmens. Hier können über spielerische Interaktionsangebote Punkte gesammelt werden. Ein Blick in die Datenschutzbestimmungen[107] offenbart, wie vertrackt ein Dreiecksverhältnis zwischen Nutzer, Kundenbindungssystem und Facebook heute sein kann.

Natürlich wird nur eine geringe Zahl der Nutzer der Payback Likes Lounge die technischen und datenschutzrelevanten Bezüge überhaupt entschlüsseln wollen und können. Der nächste Datenklau-Skandal aber kommt bestimmt und im Fahrwasser der Datenkrake Facebook zu schwimmen ist immer ein heikles Unterfangen. Datenschutzexperten reagieren auf Facebook allergisch.

Flight Date statt Blind Date – Facebook als Buchungsschablone bei der Platzwahl:

- Umso erstaunlicher ist ein neuer Service der Fluggesellschaft KLM unter dem Namen »Meat & Seat«.[108] Bei der Wahl der Sitzplätze haben Passagiere mit Facebook- oder LinkedIn-Account nun die Möglichkeit, sich Sitzplätze neben (oder ganz weit weg) von Personen zu sichern, die ebenfalls ihr Social-Network-Profil bei der Platzwahl angegeben haben. Die Angabe der Sprachkenntnisse zählt ebenso zu den Personeninfos wie der Zweck der Reise. So wird der Flug zum Meeting mit potenziellen Geschäftspartnern oder man tauscht sich über die gemeinsamen Interessen aus. Der Fantasie sind hier keine Grenzen gesetzt. Dass man sich nach der Ankunft höchstwahrscheinlich die Taxikosten teilen wird, ist ein finanzieller Mehrwert des KLM-Dienstes. Das Versprechen der Airline: Die Angaben zum Facebook-/LinkedIn-Account werden nur für den »Meat & Seat«-Service verwendet und 48 Stunden nach dem Flug gelöscht.

---

107 https://www.payback.de/pb/id/449940/
108 www.klm.com

Die Grenzen der Facebook-Pinnwand – Shitstorms und andere Peinlichkeiten

Der Versandhändler Otto knüpfte im Herbst 2010 an ein altbewährtes Konzept der Modebranche an: Er startete einen Model-Contest, bei dem sich Laien und ambitionierte Nachwuchsmodels bewerben konnten. Sich bewerben wie auch abstimmen konnte man nur über die Otto-Facebook-Seite. Soweit nichts Außergewöhnliches. Wäre da nicht ein junger Mann gewesen, der sich einen Spaß machte und das letzte Faschingsfoto von sich hochlud, auf dem er in Frauenkleidern und mit einer blonden Langhaarperücke posiert.

Freunde und Follower rührten kräftig die virale Marketingtrommel. Am Ende fanden 23.000 Facebook-Mitglieder »**der** Brigitte« besser als knapp 50.000 Mitbewerberinnen und kürten ihn somit zur Siegerin, die dann für zwei Wochen die Otto-Page auf Facebook zierte. Otto nahm den Spaßvogel ernst: »@Brigitte: Aus der Nummer kommst du nicht mehr raus. Einladung folgt.« Mit diesen Worten wurde »Brigitte« zum Fotoshooting für Otto nach Hamburg eingeladen. Angenehmer Nebeneffekt: Das Unternehmen Otto gewann Tausende von neuen Fans auf Facebook (von rund 10.000 vor der Aktion auf 160.000 Fans), eine gehörige Social-Media-Aufmerksamkeit und unglaublich viele Sympathiepunkte seitens der Kunden.

Welche Herausforderungen ins Haus stehen, wenn sich nicht nur witzige Kreativität, sondern Empörung von Konsumenten, ein sogenannter »Shitstorm«, über die unternehmenseigene Facebook-Seite entlädt, lesen Sie in Kapitel 6.

Man kann es als pathologischen Zustand oder als geniale Selbstauskunft der Netzgesellschaft bewerten: Zweifelsohne aber hat es der Facebook-Daumen in die öffentliche Wahrnehmung und erst recht in die Skripte der Marketingrhetorik geschafft. Der stationäre Handel ist allerdings gut beraten, wenn er keine vertrackten Online-Kampagnen über Facebook initiiert. Er sollte das soziale Netzwerk zuvorderst als Raum für Service und Kundendialog kultivieren. Verkaufsförderung und Promotion kommen an zweiter Stelle.

Twitter im Einsatz: Was können Store-Betreiber und Dienstleister erwarten

Die »Twitteritis« greift um sich: Der Microblogging-Dienst Twitter[109] hat eindrücklich bewiesen, dass eine neue Ära der Kommunikationskultur angebrochen ist. Und er sorgt noch immer für Aufsehen. Etwa wenn Politiker Wahlergebnisse im eigenen Twitter-Kanal verkünden, noch bevor das amtliche Ergebnis an die Presse weitergegeben wird. Oder wenn Fußballstars Interna aus der Mann-

---

109 www.twitter.com

schaftskabine vermelden. Selbst die Kirche hat Twitter für sich entdeckt: Jeden Mittag zwitscher die evangelische Landeskirche Baden ein »Twittagsgebet«[110] an die Gläubigen. Der Bestseller-Autor Paulo Coelho ließ sich in einem *ZEIT*-Interview gar zur Antwort verleiten, der »klassische Intellektuelle« sei tot und werde durch den »Internetuellen« abgelöst, der seiner Schreibkunst auch in Form von 140 Zeichen umfassenden Tweets Ausdruck verschaffe – mit allen Konsequenzen für den Buchmarkt und die Figur des Schriftstellers (*ZEIT*, 28. Juni 2012, S. 45).

Und auch in der Berichterstattung zur vergangenen Fußballeuropameisterschaft war das Kommunikations- und Analysewerkzeug Twitter allgegenwärtig – sei es die Twitter-Popularitätsbewertung der Spieler auf der Internetseite der UEFA, die Social-Media-Beauftragte des ZDF Sportstudios, die Oliver Kahn zum ersten eigenen Tweet verführte, oder die rassistische Hetze gegen den deutschen Nationalspieler Mezut Özil über einen anonymen Twitter-Kanal.

Die Attraktivität von Twitter zu erklären fällt allerdings schwer – insbesondere gegenüber Nichtnutzern. Auch Oliver Kahn guckte ungläubig in die Kamera, als er zu diesem Kommunikationskanal nach seiner Meinung gefragt wurde. Vielleicht steht die folgende Aussage des Twitterers, Fleischermeisters und Kochs Carsten Scheller[111] stellvertretend für den Aha-Effekt, den die konsequente Nutzung des Dienstes hervorruft. Gegenüber einem Fachmagazin sagte er:

»Dass man Twitter als Vermarktungsinstrument nutzen kann, wurde mir erst bewusst, als ich mich intensiver mit der Seite beschäftigt habe.«

Twitter findet heute überall statt – ob an der Pinnwand eines Facebook-Profils, im Nachrichten-Ticker eines Fernsehsenders oder in der Statusmeldung des Mitarbeiters im Intranet. Kurznachrichten mit einer limitierten Zeichenzahl – 140 – an Fans & Followers (oder die ganze Welt) zu bringen ist erst recht angesichts der Verbreitung des mobilen Internets keine Hexerei. Von sinnfreien Kommentaren über die Wehwehchen des Haustiers bis zum einzig verbliebenen Recherche-Strohhalm der Berichterstattung aus Krisengebieten ist die Spannbreite der transportierten Inhalte freilich groß. Und auch in der Dienstleistungsbranche, Gastronomie und im Handel hat sich Twitter als Kommunikationswerkzeug bereits bewährt. Einige Beispiele:

- **Der Warteschleife entkommen – »Telekom hilft«:** Was vor wenigen Jahren noch als ironische Aussage empfunden worden wäre, ist heute ein webbasiertes Serviceinstrument des gleichnamigen Konzerns. Ob Probleme mit der DSL-Leitung oder schnelle Infos zu einem komplizierten Produktange-

110 http://twitter.com/Twittagsgebet
111 https://twitter.com/_Scheller

bot – allein sechs Servicemitarbeiter der Telekom kümmern sich via Twitter um Kundenfragen. Sieben weitere Personen bilden das Serviceteam, das sich mittlerweile auch über Facebook offen, direkt, vor allem aber auch schnell der Probleme der Kunden annimmt und Fragen beantwortet. Der Twitter-Kanal hat bereits über 19.000 Follower bei sage und schreibe 75.000 Tweets. Die Facebook-Seite wurde gar von über 30.000 Fans »geliket«. Auf der unternehmenseigenen Plattform »Telekom-hilft«[112] bündelt der Konzern nun das Service-2.0-Engagement und stellt besonders wichtige und für einen größeren Kundenkreis interessante Problemlösungen heraus. Dem Diktat der 24/7-Netzgesellschaft gibt sich der Konzern dennoch nicht hin. Auch das 32-köpfige Serviceteam ist nur Montag bis Samstag von 8 bis 20 Uhr ansprechbar.

- **Vernetzung im Dienste des Kunden:** Unter dem Schlagwort @twelpforce waren Mitarbeiter des Elektronikkonzerns Best Buy[113] autorisiert, Fragen von Kunden über Twitter zu beantworten. In den ersten beiden Monaten wurden 13.000 Kundenanfragen bearbeitet. Mittlerweile zählt der entsprechende Twitter-Kanal 45.000 Follower, die vorwiegend technische Fragen an das Serviceteam der US-amerikanischen Handelskette stellen. Best Buy hat die gesamte Kundenkommunikation über den Twitter-Kanal gar auf einer eigenen Website[114] festgehalten. Sie soll aber auch dazu dienen, Verkaufs- und Servicepersonal untereinander besser zu vernetzen – natürlich zum Vorteil der Kunden.

- **Mobile Vertriebskommunikation in 140 Zeichen:** Curtis Kimball hat noch nie Werbezettel gedruckt und unterhält nur eine schmal gepflegte Internetseite. Er hat ja auch nur ein kleines Wägelchen, mit dem er auf den Straßen von Los Angeles flambierte Küchlein verkauft. Aber: Curtis Kimball ist eine Twitter-Ikone. Über 22.000 Menschen folgen den Einträgen des »Crème Brûlée Man«[115] über den bekannten Microblogging-Dienst – mehr Follower als im Servicekanal »Telekom hilft«. »Ich hatte nie verstanden, wozu Twitter eigentlich gut ist«, sagte der Straßenverkäufer einst der *New York Times*. Jetzt reißen sich hungrige Büroangestellte um seinen Nachtisch. Wo er gerade entlangrollt und was er heute so macht, erfahren Internetnutzer live über seinen Twitter-Kanal, den er mit einem Smartphone während seiner Arbeit auf den Straßen von Los Angeles mit Kurznachrichten und Smalltalk befüllt. In Deutschland sind bereits Nachahmer zu finden, wie zum Beispiel der »Kaffeefreund«[116], das – nach eigenen Aussagen – erste Fahrradcafé in

---

112 www.telekom-hilft.de
113 www.bestbuy.com
114 www.bbyfeed.com
115 http://twitter.com/cremebruleecart
116 www.derkaffeefreund.de

Münster. Auch dessen Betreiber Dominik Schweer setzt auf webbasierte Kundenkommunikation in Echtzeit.

- **Twitter-Alarm bei frischen Brötchen:** Das Kurznachrichtenportal treibt auch kuriose Blüten. »Bakertweet«[117] ist eine Twitter-Anwendung, mit der die Kunden informiert werden, wann Croissants, Muffins oder frisches Brot noch ofenwarm erhältlich sind. Das Gerät wird im Backraum installiert und sendet die Informationen kabellos an Twitter. Zur Anwendung kommt das Gerät im Londoner Albion Café, das von sich behaupten kann, den weltweit ersten twitternden Ofen[118] zu haben.

- **Twitter-Adresse auf Firmenschild:** Die US-amerikanische Pizzeria »Naked Pizza«[119] hat schon vor ein paar Jahren ihre Twitter-Adresse auf dem Firmenschild untergebracht. Bis zu 15 Prozent des Tagesumsatzes generierte Inhaber Jeff Leach über Kunden, die Sonderangebote und Aktionen im hauseigenen Twitter-Kanal verfolgten. Lokale Kundschaft über Kurznachrichten auf dem Laufenden zu halten, ist unverbindlicher als ein ellenlanger Newsletter und provoziert Impuls-Gäste, die sich von Angeboten zur Mittagszeit aus den umliegenden Büros anlocken lassen. Zudem lassen sich frequenzarme Zeiten durch befristete Angebote mit Gästen füllen. Das machte Naked Pizza zur »Case Study« und Liebling der Marketingpresse. Mittlerweile ist das Unternehmen mit der gesunden Pizza im Angebot als Franchisekonzept gewachsen und mit Filialen von der amerikanischen Ost- bis Westküste vertreten.

- **Twitter-Armada bei Whole Foods Market:** Der US-amerikanische Bio-Vollsortimenter nutzt wie kein anderer Retailer Twitter als lokales und themenspezifisches Sprachrohr. Fünf Twitter-Kanäle decken die Themen Wein, Käse und Rezepte, aber auch die unternehmenseigene Stiftung und PR-Kommunikation ab. Rund 300 Filialen und Stadtbezirke sind individuell mit einem Twitter-Feed ausgestattet. Eine zentrale Steuerung der einzelnen Nachrichten wird zugunsten der individuellen Twitter-Laune des jeweiligen Marktleiters oder Verantwortlichen vor Ort geopfert. Die Resonanz der Kunden bestätigt die gewagte Strategie. Aber über allem thront zudem der gesamtunternehmerische Handelsmarken-Account mit 2.600.000 Followern.

- **CSR-Vehikel für eine Bank:** Unternehmensverantwortung und soziales Engagement (Corporate Social Responsibility, CSR) wird meist in zentimeterdicken Berichten nachgewiesen. Mit einem Twitter-Kanal geht das direkter und authentischer. Unter dem Claim »Tweet Treat« machte die US-ameri-

---

117 www.bakertweet.com
118 http://twitter.com/albionsoven
119 www.nakedpizza.biz

kanische Umpquabank auf ihre Twitter-Präsenz[120] aufmerksam. Mitarbeiter stellen sich darin den spontanen Finanzfragen der Follower. Außerdem informiert die »Community Bank« über Sponsoring-Aktivitäten von Sportveranstaltungen mit entsprechendem Hinweis auf »Free Food & Drinks« und darüber, ob der firmeneigene Eiscreme-Truck in der Nachbarschaft auftaucht.

- **140 Jahre Tradition, 140 Zeichen Zukunft:** Hierzulande zählt die Volksbank Bühl neben der Sparkasse Köln/Bonn zu den Vorreitern beim Einsatz von Social-Media-Kanälen im Kundendialog. Neben einer Facebook-Fanseite unterhält der Finanzdienstleister mit 140-jähriger Tradition auch einen eigenen YouTube-Videokanal und natürlich einen Twitter-Feed. Entscheidend ist auch, dass das Unternehmen durchdachte Richtlinien zur Nutzung der Social-Media-Kanäle an die Mitarbeiter kommuniziert. Franz Welter, Teamleiter E-Business bei der Volksbank Bühl, sagte in einem Interview im Blog »Finance 2.0«[121]: »Mit dem Erfolg unserer Social Media Nutzung steigt auch die interne Akzeptanz dieser Medien. (...) Ich betrachte Social Media mittlerweile als ein Instrument zur Steigerung der Lernfähigkeit von Unternehmen.« (siehe auch Kapitel 7/Social Business) Mittlerweile sind weitere Finanzinstitute und Versicherer dem Beispiel gefolgt.

Twitter ist hierzulande noch immer unterschätzt. Weitestgehend beschränkt sich der Inhalt in Twitter-Kanälen von Handels- und Dienstleistungsunternehmen auf Produktinformationen, Finanznachrichten, Promotions, Gewinnspiel-Verkündungen oder Corporate News wie Stellenanzeigen. In absehbarer Zeit aber werden lokale Absatzmittler nicht umhinkommen, Social-Media-Kanäle wie Twitter auch als ein Instrument des Beschwerdemanagements zu nutzen. Denn Kunden-Soforthilfe spielt sich künftig noch mehr in den sozialen Netzwerken und bidirektionalen Medienkanälen ab.

---

120 http://twitter.com/umpquabank
121 http://electrouncle.wordpress.com

Praxistipp

Tipps zur Integration von Twitter-Kurznachrichten im Dienste des Multi-Channel-Marketings:

- **Nach Themen trennen:** Setzen Sie Twitter-Kanäle getrennt nach dem jeweiligen zentralen Zweck auf – etwa für PR-Kommunikation, Sonderangebote, Entgegennahme von Beschwerden oder für die Belange der Arbeitgebermarke. Walmart etwa zwitschert über diverse Twitter-Accounts.[122]

- **Kunden zur Twitter-Nutzung erziehen:** Twitter ist nichts anderes als ein komfortabler Mini-Newsletter in SMS-Format mit Feedbackmöglichkeit. Der Reichweitenaufbau gestaltet sich hierzulande aber zäh. Deutsche sind im Vergleich zu US-Amerikanern keine Twitter-Liebhaber. Machen Sie Ihr Kommunikationsangebot deshalb auch im Geschäft bekannt, auf dem Kassenzettel und selbstverständlich auf allen digitalen Plattformen.

- **Effizient twittern:** Sogenannte Microblogging-Clients erleichtern die Aussendung ein und derselben Nachricht in verschiedene Twitter-Kanäle und auf mehrere Facebook-Seiten. Beispielhaft sei hier Seesmic[123] genannt, das sowohl mobil und als Desktop-Programm als auch ganz einfach über eine Web-Plattform genutzt werden kann.

- **Mit Twitter Besucherfrequenz steuern:** Bei ausreichend Reichweite ist Twitter ein Powermarketing-Tool für lokales Marketing (siehe die obigen Beispiele »Crème Brûlée Man« oder »Naked Pizza«). Frequenzarme Zeiten in der Filiale können mit befristeten Specials beworben werden. Die wichtigsten Erfolgsfaktoren von Twitter sind die Kürze der Botschaft und der einfache mobile Abruf aufseiten der Kunden.

- **Keine spröden Verkaufsfloskeln:** Twitter funktioniert dann am besten, wenn Sie informieren, kommunizieren und unterhalten. Außerdem sollte der Mensch hinter dem Twitter-Kanal zum Vorschein treten und nicht eine anonyme Online-Redaktion. Das gilt selbstverständlich auch für Facebook. Für die dm-Eigenmarke »alverde Naturkosmetik«[124] bloggt, zwitschert und postet beispielsweise die Produktmanagerin persönlich – es hat zumindest den glaubhaften Anschein.

- **Twitter ist Marktforschung in Echtzeit:** Die Informationen und Anfragen Ihrer Kunden sind ein wertvoller Beitrag zur Verbesserung des Services am Point of Sale, zur Angleichung des Sortiments oder – auch das – zur Motivation von Mitarbeitern.

---

122 www.walmartstores.com/Twitter
123 www.seesmic.com
124 http://twitter.com/dm_alverde

Check-in: Das »Hier bin ich« der Internetnutzer

Bekannt wurde diese Mechanik durch das US-amerikanische Location-based Social Network Foursquare[125]. Deren Nutzer können mit Smartphones in reale Locations (Restaurants, Cafés, Geschäftslokale etc.) mit einem einzigen Klick virtuell »einchecken«. Freunde im Netzwerk werden über den aktuellen Standort in Echtzeit informiert. Die zentralen Bausteine dieses Check-in-Prinzips:

- **Empfehlung:** Die Zahl der »Check-ins« ist ein Indiz für die Beliebtheit des entsprechenden »Point of Interest«. Nutzer sehen aber nicht nur die Gesamtzahl der Check-ins, sondern auch, wer ihrer Freunde am selben Ort war und gegebenenfalls einen Kommentar hinterlassen hat. So erhalten sie glaubhafte Indizien über die Attraktivität von bestimmten Locations, ohne etwa auf »fremde« Meinungen in den Kommentarfeldern von lokalen Bewertungsplattformen wie Qype abhängig zu sein. Künftig will Foursquare diesen sehr persönlichen Empfehlungsmechanismus noch stärker optimieren.

- **Belohnung und Wettbewerb:** Personen, die besonders häufig in bestimmte Lokalitäten einchecken, werden mit kleinen Aufmerksamkeiten belohnt. Das kann ein Kaffee auf Kosten des Hauses sein wie bei Berliner Filialen der Restaurantkette Vapiano. Oder aber Gastronomen und Händler kommunizieren Rabatte und Zusatzinfos beim Check-in und erhöhen damit die Kaufbereitschaft. Hinzu kommt: Community-Mitglieder untereinander stehen im Wettbewerb um die meisten Check-ins.

- **Monitoring:** Foursquare stellt den sogenannten »Venue«-Betreibern ein passwortgeschütztes Monitoring-System (Dashboard) zur Verfügung, in dem Kampagnen und Check-ins statistisch ausgewertet werden, beispielsweise nach Tageszeit und Geschlecht. Mitunter erlangen Restaurantbetreiber und Händler hier wertvolle Daten zur Optimierung des Online-, aber auch des Instore-Marketings. Die Kampagnenerstellung ist ebenfalls mit wenigen Mausklicks bewerkstelligt.[126]

Mit diesem spielerischen Ansatz sind standortbezogene soziale Netzwerke als innovative Weiterentwicklung der Kundenbindungsinstrumente anzusehen (vgl. Zichermann/Linder 2010):

- Im 19. Jahrhundert waren kostenfreie Zugabeprodukte ein probates Mittel der Kundenbindung.

---

125 www.foursquare.com
126 https://de.foursquare.com/business/

- Anfang des 20. Jahrhunderts setzten sich Rabatte durch. Das machte sich im Geldbeutel bemerkbar.

- Ab den 1980er-Jahren rückten Kundenkarten und Bonussysteme mehr und mehr in den Fokus der Vermarktungsspezialisten.

- Und nun, zu Beginn des 21. Jahrhunderts und mit der zunehmenden Verbreitung des mobilen Internets, läuten virtuelle Belohnungen mittels Abzeichen und Krönchen in Verbindung mit handfesten Belohnungen wie einem Freigetränk oder Coupon eine neue Ära der Kundenbindung ein.

Check-ins sind mittlerweile integraler Bestandteil der meisten standortbezogenen Internetdienste, so etwa auch bei Innenraumkartendiensten wie Fastmall (siehe Kapitel 2/Gesucht/gefunden). Auch die lokale Bewertungsplattform Qype führte vor geraumer Zeit das Check-in-Prinzip ein, um den Werbung treibenden Unternehmen ein weiteres Marketinginstrument zur Verfügung zu stellen.

QR-Codes an Eingangstüren werden gerne auch als Check-in-Kanal genutzt, um eine Verknüpfung zwischen stationär und online herzustellen. Wieso aber, so fragen sich nicht wenige Zeitgenossen, wollen Menschen unbedingt mitteilen, wo sie sich gerade befinden?

Zunächst muss festgehalten werden, Foursquare & Co. werden hierzulande weniger stark genutzt als etwa im Stammland USA. Das mag an der höheren Datensensibilität der Deutschen liegen oder schlicht und ergreifend daran, dass Web-2.0-Unternehmen aus Europa keinen Kultstatus erlangen.

Aber es gibt noch eine weitere wichtige kulturelle Komponente: Welche Frage müssen Sie meistens als Erstes beantworten, wenn Sie einen Anruf auf dem Mobiltelefon annehmen? Richtig: »Wo bist du gerade?« Oder denken Sie an die Abzeichen auf Spazierstöcken, an Ansichtskarten und an den Sylt-Aufkleber auf dem Kofferraumdeckel. Sie alle haben etwas gemeinsam. Es ist, wenn man so will, eine anthropologische Konstante der Verortung. Der Mensch ist ein Umgebungswesen, er will und muss sich mitteilen, wo er sich befindet oder war – ob aus Eitelkeit, aus Gründen der Nostalgie oder weil sich sein Gegenüber über seinen Standort vergewissern will.

Interessant sind Check-in-Kampagnen, wenn sie über das »Hallo, hier bin ich jetzt« hinausgehen:

- **Gegen Aids einchecken:** Starbucks etwa nutzt Check-ins, um eine Charity-Aktion zum Erfolg zu führen. In Partnerschaft mit der Aidsbekämpfungsorganisation »(Red)« und Foursquare will der Kaffeehausbetreiber 250.000 US-Dollar spenden, ein Dollar für jeden Check-in in einem befristeten Zeitraum Anfang Juni 2012. Foursquare wiederum führt als weitere Motivation das Abzeichen – »Badge« genannt – »(Red)Rush« ein, mit der sich Foursquare-User als Beteiligte der Spendenaktion outen können.

- **Location-based Gaming:** SCVNGR (gesprochen: Scavenger)[127] ist neben Foursquare und Gowalla, das allerdings im Dezember 2011 von Facebook übernommen wurde, das meistbeachtete standortbezogene soziale Netzwerk in den USA. Es setzt ganz und gar auf den Jagdinstinkt der Verbraucher. Check-in-Kampagnen werden über SCVNGR als eine Art Schnitzeljagd angelegt: »Go places. Do challenges. Earn points and unlock rewards!« So wirbt SCVNGR für seinen Dienst. Coca-Cola beispielsweise nutzte die Plattform, um eine Promotiontour namens »Open Happiness«[128] in ausgewählten Shopping Malls und auf Konzertveranstaltungen zu unterstützen. Angesprochen waren vor allem jüngere Zielgruppen, die über die SCVNGR-App kleine Rätsel vor Ort lösen, Bilder knipsen und Kommentare abgeben mussten – nutzergenerierte Daten, die wiederum auf einer Kampagnenplattform zusammengeführt wurden und sicherlich auch der Marktforschung nützliche Hinweise liefern. Konkurrent Pepsi indes fährt ähnliche Kampagnen mit Foursquare.

- **Die Schaltzentrale für plattformübergreifende Check-in-Kampagnen:** Gerade weil es mittlerweile zahlreiche Dienste für Check-ins gibt, fällt es immer schwerer, die relevanten Kampagnen auszusteuern und zu analysieren. In dieses Vakuum tritt der Marketing-Dienstleister Geotoko[129]. Über einen einzigen Account können Check-in-Kampagnen in Foursquare, Facebook Places, Twitter und anderen Diensten gestartet und beobachtet werden – noch dazu in Echtzeit und für beliebig viele Orte.

Fragen soziale Netzwerke wie Facebook und Twitter vorrangig »Was machst du gerade?«, geht bei den Location-based Services der Aktivierungsimpuls von der Frage »Wo bist du gerade?« aus. Dienste wie Foursquare oder SCVNGR werden vor allem jüngeren Smartphone-Nutzern und Early Adoptern Spaß machen. Die Avantgarde des Mobile Marketings setzt deshalb künftig verstärkt auf Gaming-Mechaniken am Point of Sale und eine spielerische Incentivierung der Zielgruppe. Augmented-Reality-Anwendungen sind hierfür ebenso geeignet wie eine Schnitzeljagd 2.0.

---

127 www.scvngr.com
128 http://youtu.be/NdgAFlnRrx4
129 www.geotoko.com

Praxistipp
So spielen Sie auf der Check-in-Klaviatur

Location-based Marketing und Geotargeting eröffnen kreative Spielräume der Ansprache des Kunden am Point of Sale. Hier einige mögliche Varianten, wie Sie mit Check-ins Kundengewinnung und Abverkauf ankurbeln können (in Anlehnung an die Foursquare Specials):

1. **Einfaches Special:** Werbeanzeige oder Coupon wird beim Check-in am Standort der Filiale auf das Smartphone des Users gebracht.

2. **Treue-Special:** Hier fungiert der Check-in als Alternative zu Kundenkarte und Stempelheft. Die Kunden werden nach einer bestimmten Menge von Check-ins an ihrem Standort belohnt, beispielsweise bei jedem fünften Besuch. Foursquare hat zudem den »Mayor Special« salonfähig gemacht. Der Kunde mit den meisten Check-ins darf sich »Bürgermeister« einer Location nennen und erhält zusätzliche Sonderangebote. Das kurbelt den Wettbewerb innerhalb der Community an.

3. **Zeit-Special:** Kunden erhalten nur bei Check-ins in einem bestimmten zeitlichen Fenster ein Angebot. Vorsicht: Kann zum Ladensturm führen. Geeignet aber auch, um frequenzarme Tageszeiten mit Shop- oder Restaurantbesucher zu füllen.

4. **»First-come, first-served«-Special:** Eine begrenzte Stückzahl von Produkten wird an die ersten Personen vergeben, die per Check-in den Laden betreten.

5. **Freunde-Special:** Ein Bestandskunde bringt einen Neukunden mit an den Point of Sale. Beide checken ein. Das System erkennt, dass der Bestandskunde belohnt werden muss. Hier wird das Kunden-werben-Kunden-Prinzip auf das ortsbasierte Mobile Marketing übertragen.

6. **Wohltätigkeits-Special:** Jeder Check-in ist mit einer Spende für karitative und wohltätige Zwecke durch den Shop-Betreiber verbunden. Pro Check-in wird ein bestimmter Betrag zum Spendenvolumen addiert. Geeignet auch, um Kunden an ein Kundenbindungsmodell via Check-in heranzuführen.

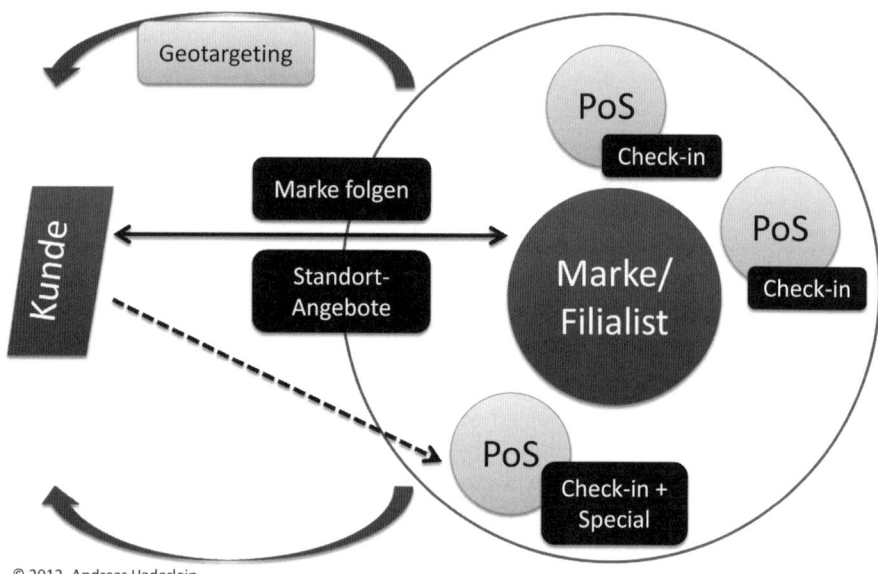

© 2012, Andreas Haderlein

Abb. 8: Handelsmarketing auf Basis von Location-based Services: das Grundmodell

Store-Visualisierung: Attraktive Einfallstore für den Besuch des Point of Sale

Bei aller Aufmerksamkeit für rabattbezogene digitale Lockmittel darf der stationäre Handel im Rahmen des Internetauftritts natürlich nicht seinen größten Trumpf vernachlässigen: das Store-Design.

In E-Shops sind schon die ausgefeiltesten Techniken in Verwendung, seien es 360-Grad-Ansichten und Zooms von Produkten, die eine detailreiche Vergrößerung erlauben. Stoffe und Materialien werden so förmlich vom Auge in die Fingerspitzen fühlbar gemacht. Der Weinshop Aromicon[130] baut ebenfalls auf die synästhetische Wirkung, um den Geschmack von Weinen deutlich zu machen. In einer patentierten Animation fliegen Kaffeebohnen, Lakritzschnecken, Erdbeeren, Tabakpfeifen und Eichenrinden durch die Weingläser. Wer braucht da noch hochtrabende Etikettbeschreibungen?

E-Commerce-Experten wissen: Noch immer kaufen Menschen vor allem mit dem Auge. Dies dürfte für die Anziehungskraft des Point of Sale aber genauso gelten. Schaut man sich allerdings die meisten Fotos von Filialen in Google Maps oder auf den entsprechenden Seiten von Handelsketten an, wird schnell klar, wie vernachlässigt der Aspekt Shop-Visualisierung ist.

---

130 www.aromicon.com

Selbst die Parfümeriekette Douglas, die – wie alle Unternehmen der Douglas Holding – eigentlich einen äußerst gut gepflegten Online-Auftritt hat, verwendet auf den Kontaktseiten einzelner Filialen weitestgehend nur So-lala-Bilder und nichtssagende Außenansichten der Stores. Dabei ist doch vieles mehr möglich:

- **Bummeln vorab:** Insbesondere Geschäfte mit hohem Anspruch an das Store-Design und Interieur können den immer wichtiger werdenden Kunden-Touchpoint Internet mit Panorama-Shopansichten ästhetisch anspruchsvoll gestalten. Ein Dienstleister hierfür ist Panomatics[131], der Shops noch vor dem tatsächlichen Betreten begehbar macht. Es geht hier weniger um Orientierung als darum, dem Kunden wirklich Lust zu machen, den Point of Sale zu besuchen. Zu den Kunden von Panomatics zählt beispielsweise der ansprechende Feinkostladen für Olivenprodukte »We Olive« aus Los Angeles.

- **»Virturealer« Shop:** Die japanische Agentur PanoPlaza hat sich gar auf die Verknüpfung von 360-Grad-Panorama-Innenaufnahmen mit dem E-Commerce spezialisiert. Wie in den echten Läden auch kann über den realistischen, aber eben virtuellen Store Ware gekauft beziehungsweise geordert werden. In Tokio setzen diese Technologie u. a. bereits ein Buchhändler, ein Süßwarenladen und ein Modegeschäft ein. Die Ladezeiten der Flash-Anwendung sind allerdings noch verbesserungswürdig.

- **Schaufenster-Archiv:** Auch der Beruf des Schaufensterdekorateurs ist im digitalen Zeitalter mitnichten vom Aussterben bedroht. Zumindest nicht wenn er Angestellter eines innovativen Multichannel-Händlers wie der bereits erwähnten Boutique Norma Kameli (siehe Kapitel 2/Interaktive Schaufenster) ist. Sie hat auf ihrer Website eine eigene Rubrik für die Schaufenstergestaltung angelegt. Alle vergangenen Kompositionen sind als Foto online gestellt. Dies verleiht dem Webauftritt einen erdigen Bezug zum Stationären.

Kooperationsmarketing: Online-Multiplikatoren für stationäres Geschäft

Das Internet ist – wie gesagt – der Vorhof des Point of Sale. Dass es dabei aber nicht immer auf die neuesten Ansätze des Geotargeting oder auf Bewertungsplattformen ankommen muss, sollen folgende Beispiele zeigen. Hier sind befruchtende Partnerschaften zwischen Marken, Verkaufsorten, Kuratoren und Dienstleistern das entscheidende Mittel für mehr Aufmerksamkeit auf allen Kanälen und mehr Kundenfrequenz in der stationären Konsumwelt.

---

131 www.panomatics.com

- **Lokale Problemlöser und Vertriebspartner:** Der Online-Brillenhändler Mister Spex baut gerade sein Partnerschaftsprogramm[132] mit stationären Augenoptikern auf. 200 Partneroptiker will man noch im Sommer 2012 gewinnen. Sie sollen das Online-Angebot mit Serviceleistungen wie Sehtests und Brillenanpassungen abrunden. Ein durchaus lohnendes Zusatzgeschäft für den Optiker.

- **Slow Shopping:** Postante[133] ist eine Online-Marktstraße, die vor allem kleinen Schweizer Händlern und Dienstleistern die Eröffnung eines Online-Shops oder digitalen Show-Rooms erleichtert. Die Gestaltung ist bewusst an das reale Einkaufsleben angepasst. Als Häuser gezeichnete Online-Shops können mit einem Klick betreten werden. Postante ist als Verein organisiert und will vor allem Unternehmen mit der gleichen Grundphilosophie zusammenbringen: Slow Life.

- **Shopping-Guides und Stilberater:** Diane Chappell[134] ist von Beruf »Fashion Consultant & Private Shopper«. In Londons schickstem Viertel und der Hochburg des Avantgarde-Shoppings Notting Hill kommt sie in diesem Orchideenfach bestens über die Runden. Ihr Erfolgsgeheimnis liegt allerdings nicht nur darin, dass sie entlang der Profile ihrer Kunden Shopping-Trips organisiert und beratend begleitet. Sie konnte auch einige Boutiquen und Shops gewinnen, den von ihr vermittelten Kunden einen Rabatt einzuräumen. Außerdem kooperiert sie mit Hotels der Umgebung, die auf ihre so außergewöhnliche wie praktische Einkaufsberatung aufmerksam machen. Kunden, die über Hotels wie das Guesthouse West vermittelt werden, zahlen 10 Prozent weniger für die Inanspruchnahme ihrer Dienste.

- **Multiplikatoren für den Impulskauf:** Eine ähnliche Dienstleistung – wenn auch auf einem anderen Niveau und mit einer anderen Zielgruppe im Blick – ist auch die »Free Walking Tour«[135] durch das polnische Krakau. Die Initiatoren sind staatlich geprüfte Tour Guides und sammeln orientierungslose Fußgänger und interessierte Individualtouristen ein, um sie zu Sehenswürdigkeiten der Stadt zu führen. In der finalen Zusammenkunft in einer Szenekneipe erhalten die Teilnehmer individuelle Tipps zu Shops und Locations, die in keinem Führer zu finden sind. Die »Free Walking Tour« finanziert sich durch freiwillige Spenden der Teilnehmer. Ähnliche Angebote existieren in London, Paris und Berlin.

---

132 www.misterspex.de/partnerprogramm
133 www.postante.ch/de/shopstreet
134 www.privaterevamp.com
135 www.freewalkingtour.com

Bricks & Clicks Innovation
Pubs werden zu Paket-Hubs – von der Vertriebsoptimierung zum Konjunkturprogramm für Dritte

In Großbritannien wurde vor ein paar Jahren eine außergewöhnliche Kneipenrettungsaktion gestartet. Wir kennen es bereits von den Shop-in-Shop-Systemen der Deutschen Post, Hermes und anderen. Der Trend geht zur Dezentralisierung und kleine Einzelhändler und Kioskbetreiber können zusätzliche Einnahmen als Postlädchen oder Paket-Annahmestelle generieren.

Auch die britische Royal Mail lässt sich auf dieses Prinzip ein, verbindet die Optimierung ihrer Serviceleistung allerdings mit einer Kooperation mit den Bierbrauern von Heineken. Immerhin 40 Millionen Paketerstzustellungen in Großbritannien verlaufen nicht erfolgreich. Aber anstatt die Empfänger mit unpersönlichen Paketstationen oder Annahmestellen mit Einzelhandelsöffnungszeiten zu frustrieren, setzt man auf der Insel auf die zahlreichen Pubs und Clubs – die allerdings rezessionsbedingt immer weniger werden.

»Use your local«[136] ist daher mehr als nur Teil eines Vertriebsmodells. Es ist eine gelungene Win-Win-Situation:

- **Royal Mail** zeigt Verantwortung für lokale Infrastrukturen und Gastronomie bei gleichzeitiger Optimierung des Services.

- **Heineken** versucht dem Pub-Sterben und damit dem Bier- und Cider-Absatzschwund Einhalt zu gebieten.

- Und der **Kneipenbetreiber** freut sich auf Gäste, die nicht nur ein Pint in geselliger Runde trinken wollen, sondern dabei auch noch ihr EBay-Paket abholen können und umgekehrt.

Hinzu kommt: Alle Gastronomen, die sich dem Programm anschließen, erhalten für 50 Britische Pfund Lizenzgebühr im Jahr eine eigene Website, auf der sie mit ihren Gästen und den Royal-Mail-Paketservice-Klienten kommunizieren können. »Use your local« generiert zusätzlich Reichweite durch die Einbindung des Contents der Pubs in die Hauptseite. Mittlerweile haben sich weitere Unternehmen dem Kooperationsmarketing angeschlossen: Samsung etwa nutzt die Pub-Suchmaschine von »Use your local«, um auf Locations mit Live-Fußball hinzuweisen. Der »Branded Service« des Sponsors ist als Applikation in der entsprechenden Facebook-Seite eingebunden.[137] Heineken wiederum bewarb Ende 2011 über den Location-based Marketing Service »You are here« von O2 Media die Cider-Marke Bulmers. Ziel war es auch hier, in Kooperation mit »Use your local« mehr Menschen in die englischen Pubs zu bringen.

---

136 www.useyourlocal.com
137 www.samsungfootball.co.uk

4. Kunden verblüffen

Kundenverblüffung ist nach wie vor ein wirksames Mittel der Kundenbindung im stationären Einzelhandel (vgl. Zanetti 2005). Überraschende Services, ein ausgefallenes Sortiment oder ein aufregendes Store-Design hinterlassen bleibenden Eindruck, weil der Händler den direkten Draht ins emotionale Zentrum des Kunden findet.

Technologie ist hier mitunter fehl am Platze, denn im Kern sind Verblüffungsmomente durch soziale Interaktion geprägt. Und dennoch geben uns die neuen Technologien spannende Möglichkeiten zur Emotionalisierung der Kauferfahrung. Dies reicht von Convenience-Lösungen auf Basis des Multi-Channeling-Ansatzes über wundersame Augmented-Reality-Konzepte bis hin zu Aha-Effekten bei der Nutzung von QR-Codes.

Deep Support: Die neuen Kümmerer im Einzelhandel »lotsen« durch Kaufentscheidungen, Serviceprobleme und wichtige Auswahlprozesse

- **Heimwerkeln leicht gemacht:** Die US-amerikanische Kette für Heimwerkerbedarf und Haushaltsgeräte Lowe's setzt mit ihrem Kundenbindungsprogramm »MyLowe's« alles auf die Convenience-Karte. Im Kundenprofil werden Online- und Instore-Käufe so hinterlegt, dass sie für mögliche Wiederkäufe passgenau auf die Bedürfnisse abgestimmt sind. Das dazugehörige Werbevideo[138] zeigt das klassische Heimwerkerproblem einer Farbausbesserung. Welche Farbe war es genau? Welche Menge der gleichen Farbe benötige ich für die Wand im Kinderzimmer? Kunden können in ihrem Account ein sogenanntes »Home Profile«[139] mit konkreten Abmessungen zu Zimmergröße und Wandfläche anlegen. Zusätzlich können »schnelldrehende« Produkte den eigenen vier Wänden zugeordnet werden und so – wie beispielsweise Müllbeutel – mit wenigen Mausklicks wiederbestellt werden.

---

138 http://youtu.be/7DG9x15d6z4
139 www.lowes.com/MyLowes/app/homeprofile

Bricks & Clicks Innovation
Kochspaß im Abo: Wer braucht da noch elektronische Rezeptberater?

Während der klassische Lebensmitteleinzelhandel über niedrige Margen klagt und mit mehr oder weniger schmackhaften Fertiggerichten zeitknappe Zielgruppen zu gewinnen sucht, erfindet ein Unternehmensberater das Convenience-Geschäft neu. Ramin Goo, Gründer des in Berlin gestarteten Kochhauses[140], weiß aus eigener Erfahrung: Nach einem langen Tag im Büro noch Supermarktregale ablaufen, um dann ein ansprechendes Abendessen für den Partner zuzubereiten, bedeutet Stress. Deshalb hat er ein Lebensmittelgeschäft als »begehbares Kochbuch« konzipiert, das die Lust am Kochen nicht verdirbt, sondern fördert:

Das Kochhaus verkauft vor allem Kreativität – aus Lebensmitteln. An mit Schautafeln versehenen Inseln werden komplette Gerichte mit allen Zutaten – von der einzelnen Chili bis zur Hühnchenbrust – angepriesen. Kunden füllen hier nach konkreten Mengenangaben für 2 bis 6 Personen ihren Warenkorb. Frischeprodukte wie Fleisch und Sahne liegen in der Kühltruhe. Obst und Gemüse finden sich direkt am Rezepttisch. Und Standardzutaten wie Salz, Pfeffer oder Öl stehen sorgsam portioniert im Wandregal. Kochanleitungen der täglich variierenden Gerichte und Menüs liegen ebenfalls griffbereit. Rund 20 Rezeptangebote sorgen so für kreative Kochideen beim routinemäßigen Versorgungseinkauf. Der Kunde bezahlt einen Komplettpreis pro Gericht. Die Store Manager der Filialen haben bezeichnenderweise keine einschlägige Kaufmannsausbildung, sondern sind Köche oder haben in der Systemgastronomie gearbeitet.

Schlüssel des Konzeptes ist der Bruch mit der althergebrachten Store-Ordnung nach Warengruppen. Was im klassischen Lebensmitteleinzelhandel durchaus erwünscht ist – Zusatzkäufe bei der zeitraubenden, mitunter verzweifelten Suche nach einzelnen Produkten –, wird hier zugunsten einer ästhetisch anspruchsvollen Convenience-Lösung aufgehoben. Und die hat natürlich ihren Preis.

Multikanal-Lösungen mit Pfiff: Ein Blick auf die Website des »Store of the Year 2011« (Handelsverband Deutschland) offenbart, dass die Schautafeln eins zu eins als Warenkörbe im Online-Shop angeboten werden. Zudem setzt das Kochhaus mittlerweile auch auf den bundesweiten Versand von Online-Bestellungen. Am Standort Berlin ist ein Lieferservice angebunden, der die Lebensmittel gegen Gebühr rechtzeitig zum Feierabend nach Hause bringt. Und ein »Sorglos-Abo« wurde bereits für die Städte Berlin und Hamburg in die Wege geleitet. Dabei wandern bis zu drei Hauptgerichte mit einer Lieferung pro Woche direkt in den Kühlschrank. Abo-Commerce-Modelle sind derzeit ohnehin das Lieblingsbaby des progressiven E-Commerce. Auch der US-Handelsriese Walmart wittert einen Massenmarkt und will im Sommer 2012 »Goodies« an den Start bringen. Darüber sollen Testprodukte und Proben regelmäßig Abnehmer finden. Die zentrale Motivation für neue Abo-Modelle ist klar: Aufbau von dauerhaften Kundenbeziehungen.

140 www.kochhaus.de

Community-Hub: Kochkurse und Events rund ums Kochen machen die Standorte in Berlin und Hamburg zum Treffpunkt für Genießer. Auf Facebook tummeln sich annähernd 10.000 Fans. Nicht wenige davon wünschen sich das Kochhaus auch in ihrer Stadt. Das Franchisesystem ist bereits angelegt. Einer Expansion des Kochhauses in die Mitte und den Süden Deutschlands stehen wohl nur noch hohe Immobilienpreise in den kaufkraftstarken Szenevierteln entgegen.

Lounge-Commerce – Tante Emma reloaded: Wie das Kochhaus versuchen auch »Emmas Enkel«[141], der innovative Retail-Newcomer aus Düsseldorf, aus dem Warengruppenschema auszubrechen. Unter Themenkörben wie »Sofaabend« oder »Hilfe, spontaner Besuch kommt« kann sich jeder etwas vorstellen. Emmas Enkel übernehmen gemäß dem entsprechenden Motto die Auswahl der Produkte, die mit einem Klick im Warenkorb landen. Das funktioniert gewiss online am besten. Freihaus-Lieferung im Einzugsgebiet der Filiale, ein bundesweiter Versand und Vorbestellung sind ohnehin möglich. Aber damit nicht genug: Emmas Enkel stellen ihren Ladenkunden in einer gemütlichen Kaffee-Lounge samt Kinderspielecke sogar ein Tablett zur Auswahl und Bestellung der Ware zur Verfügung. Während das Personal die Produkte zusammenstellt, sitzt der Kunde entspannt bei Kaffee und Kuchen und genießt das agile Treiben im Tante-Emma-Laden des 21. Jahrhunderts. Für ihr multikanalig ausgerichtetes Lebensmittelgeschäft erhielten die Gründer Sebastian Diehl und Benjamin Brüser den 2012 erstmals ausgeschriebenen »acquisa Award« für das beste Vertriebskonzept.

Social Eating – Nutzerkreationen auf der Online-Speisekarte: Um den Burger aus der ungesunden Fast-Food-Ecke zu holen, startete das Restaurant 4food[142] in New York ein revolutionäres Konzept: Der Gast kann sich entweder online auf der Website oder vor Ort an in Theken eingelassenen iPads aus verschiedenen Zutaten seinen gewünschten Burger zusammenstellen und vorbestellen. Natürlich kann auch die Abholzeit über das Internet angegeben werden. Die Burgerkreationen werden nicht nur einmalig zusammengestellt, sondern auch gespeichert und der Community zur Auswahl gestellt. Fans von 4food hinterlassen im Online-Profil Angaben zu Ernährungsverhalten, Essgewohnheiten, Körpergröße und Gewicht, um entsprechende Empfehlungen zu erhalten. Wer einen besonders leckeren Burger gezaubert hat, den andere Nutzer auch gerne bestellen, verdient sogenannte »4food$« und steigert sein Renommee innerhalb der Community. Eine Liste der Top-Burger fehlt ebenso wenig wie ein Ranking der besten Burger-Designer. 4food ist ein Community-Hub für inspiriertes Junk Food. Wer einfach nur einen Burger will, kann selbstverständlich auch ohne 4food-Account bestellen.

---

141 www.emmas-enkel.de
142 www.4food.com

Augmented Reality: Wunder am Point of Sale

Unter »erweiterter Realität« wird die Ergänzung und Anreicherung von Bildschirminformationen mit virtuellen Informationen verstanden. Grundsätzlich sind drei Methoden der Augmented-Reality-Erfahrung zu unterscheiden:

1. **Kamerablick des Smartphones:** Jedes Smartphone ist mittlerweile in der Lage, Anwendungen über Augmented Reality (AR) darzustellen. Dabei wird das aktuelle Kamerabild in Echtzeit so mit digitalen Informationen überlagert, dass der Nutzer zusätzliche Informationen zum anvisierten Objekt und gegebenenfalls seiner aktuellen (GPS-)Position übermittelt bekommt. Verschiedene Applikationen haben AR implementiert. Eine der bekanntesten ist der »Wikitude World Browser«[143], in dem zahlreiche Informationsdienste zusammengeführt werden. Ein Blick in die Kamera genügt und der Nutzer erhält Informationen der näheren Umgebung angezeigt: von Wikipedia-Einträgen zu Kultur- und Naturdenkmälern über Mobile Coupons des Dienstes Coupies bis hin zu Filialen von Shops und gastronomischen Betrieben.

2. **Markerbasierte AR:** Ein in die Kamera eines Computers gehaltener Marker entwirft auf dem Trägermaterial (Karton, Flyer etc.) eine dreidimensionale, interaktive Parallelwelt. Eine Unterstützungssoftware auf dem Computer (Plug-in) ist die Basis dieses AR-Konzeptes. Der Kamerahersteller Olympus hat hier Maßstäbe gesetzt.[144] Mittels eines 3D-Demos konnten die Funktionen des Modells Olympus PEN E-PL1 in all seinen Details ausprobiert werden. Eine Produkterfahrung der ganz besonderen Art. Umgesetzt wurde diese Kampagne zur Produkteinführung von Total Immersion[145], einem führenden Dienstleister im AR-Bereich.

3. **Konturenbasierte AR:** Nach dem gleichen Prinzip wie markerbasierte AR funktionieren auch Anwendungen, die beispielsweise Brillenfassungen virtuell auf das Gesicht des Betrachters projizieren. Für Online-Brillenhändler ist dies schon eine Standardapplikation zur Kaufentscheidungshilfe.[146] Otto hat eine virtuelle Anprobe im Facebook-Shop implementiert.[147]

---

143 www.wikitude.com
144 http://youtu.be/P9Nd04dW2-M
145 www.t-immersion.com
146 www.my-spexx.de/brillen-anprobe
147 www.facebook.com/Otto, http://youtu.be/f5erBFyaKJk

Für den Einzelhandel lassen sich im Kern folgende Anwendungsszenarien beschreiben:

- **Mobile Suche – wenn Händler in die Kamera fliegen:** Wie bereits erwähnt finden sich die Couponangebote von Coupies in der Wikitude-Applikation. Auch die App Junaio[148] hat handelsrelevante Dienste im AR-Browser integriert: neben Coupies zum Beispiel kaufDa und barcoo. Gewiss sind die Nutzergruppen noch überschaubar, aber es zeichnet sich ab, dass die Vereinfachung des mobilen Suchprozesses fundamental auf AR-Technologie bauen wird.

- **Kaufentscheidungshilfe – wenn Räume leben:** Mittlerweile werden vor allem von Möbelhändlern und Baumärkten AR-Funktionen in den firmeneigenen Apps eingebaut. Ziel ist, Kunden bei der Auswahl von Möbelstücken eine Kaufentscheidungshilfe an die Hand zu geben. So können Produkte aus dem Online-Katalog extrahiert werden und qua AR-Technologie im heimischen Wohnzimmer platziert werden. Praktiker und IKEA setzen bereits auf diesen Service.

- **Extended Packaging – wenn Produkte sprechen lernen:** Die »Lego Digital Box« ermöglicht es dem Kunden, einen Lego-Bausatz in 3D zu erfahren, ohne dass die Verpackung geöffnet werden muss. Über einen an der Verpackung angebrachten Marker erkennt die Lego Digital Box den Inhalt und projiziert ihn virtuell auf die in die Kamera gehaltene Verpackung. Teils animierte Videos machen Lust auf das Produkt. Die Vorteile dieser Variante der Augmented Reality: Lego-Bausätze müssen nicht mehr zwingend im Laden aufgebaut werden. Das spart Arbeitszeit und wertvollen Regalraum. Der Kunde hingegen gewinnt einen überzeugenden Eindruck vom Produkt. Für die Entwicklung der Lego Digital Box zeichnet das Unternehmen Metaio[149] verantwortlich.

- **Promotion – wenn Passanten verblüfft in der Fußgängerzone stehen:** H&M steuerte eine Promotionkampagne über die iPhone App von Gold-Run[150] aus. Produkte der Herbst/Winter-Kollektion 2010 schwebten in unmittelbarer Nähe von zehn Stores in Manhattan frei in der Luft – natürlich virtuell. Passanten, die mittels der AR-Applikation durch die Kamera ihres Smartphones sahen, konnten ihren Begleiterinnen oder Begleitern die virtuellen Kleidungsstücke »überziehen« oder sie Taschen in die Hand nehmen lassen. Die so generierten Bilder wurden über Facebook verbreitet. Bei Vorlage des Fotos an der Kasse erhielt man einen zehnprozentigen Rabatt auf Stücke der betreffenden Kollektion.

---

148 www.junaio.com
149 www.metaio.com
150 www.goldrungo.com

- **Promotion – wenn Kunden staunend am Point of Sale aufschlagen:** Eine frühe, sehr wirkungsvolle AR-Kampagne rief der Hugo Boss Store am Londoner Sloane Square ins Leben. Unter dem Motto »Black Magic« wurden Flyer mit einem Marker versehen (sog. Trigger Cards), die sich in einem Monitor im Schaufenster mit multimedialen Inhalten anreicherten. Außerdem verband die verantwortliche Agentur die AR-Kampagne mit einem Gewinnspiel. Im Laden konnte mithilfe der Trigger Cards Black Jack gespielt werden. Gewinnern winkte ein Gutschein in Höhe von 250 britischen Pfund. Für Frequenz war im Rahmen dieser Kampagne definitiv gesorgt.[151]

QR-Code: Das pixelige Helferlein der Neo-Nomaden

Sie sind – objektiv gesehen – einfach nur hässlich, zuweilen verwirrend, idealerweise aber auch die intelligenteste Brücke zwischen Online- und Offlinewelt, die uns zurzeit zur Verfügung steht. Die Rede ist von Quick-Response-Codes, kurz: QR-Codes.

Kaum ein Werbeplakat kommt mehr ohne die quadratisch-pixeligen Linkgeneratoren für Smartphones aus. Procter & Gamble testete bereits Großplakatkampagnen in Kooperation mit Amazon und windeln.de für den Online-Verkauf und die bequeme Lieferung von sperrigen Windelgroßpackungen der Marke Pampers. Der QR-Code übernahm hier die schnelle Kundenlandung im E-Shop. Immer häufiger begegnen sie uns auch auf physischen Produkten, in Schaufenstern oder sogar in altehrwürdigen Museen – und warten darauf, von mobilen Endgeräten mit entsprechenden Apps gescannt zu werden. Ist das iPhone die Ikone des mobilen Zeitalters, so ist das Attribut QR-Code dessen Symbol.

Aber allen Nutzungskontexten ist eines gemeinsam: Über QR-Codes wird mehr geredet, als dass sie tatsächlich zur Anwendung kommen. Ein bisschen Feldforschung genügt, um zu sehen, dass ein klassischer Aufsteller in der Fußgängerzone mehr Aufmerksamkeit (und Kundenaktivität) erzeugt als das schwarz-weiße Chaos-Schachfeld irgendwo am unteren Bildrand einer Werbemaßnahme. Zahlen der Erhebung »comScore MobiLens« zufolge scannten Ende 2011 hierzulande rund 15 Prozent der Smartphone-Nutzer regelmäßig im Monat QR-Codes, in den USA jeder fünfte. Schlusslicht ist Italien mit rund 10 Prozent scanwütigen Neo-Nomaden. Das interessanteste Phänomen: Ausgerechnet Länder mit hoher Smartphone-Dichte wie Großbritannien und Spanien scannen unterdurchschnittlich häufig.

Wenn Sie selbst in mobil-adretter Geste vor einem QR-Code stehen und ihn mit Ihrem Smartphone einfangen, beschleicht Sie nicht auch ein beklemmendes Gefühl aus der Frühzeit der Handynutzung? Als das Telefonieren im öffentlichen Raum noch verpönt war, ein Gefühl irgendwo zwischen Peinlichkeit und

---

151 http://youtu.be/4q4Aew-zx3w

Konsum-Avantgarde. Es dauert wohl noch ein Weilchen, bis sich die durchaus smarten Helferlein im Mediennutzungsalltag etabliert haben.

Die mangelnde Akzeptanz liegt aber vor allem auch an vielen Missverständnissen, die über den tatsächlichen Mehrwert von QR-Codes kursieren. Grafik-Designer sehen darin mitunter etwas anderes als Marketingverantwortliche. QR-Codes eingebettet in Newsletter, die immer häufiger über mobile Endgeräte abgerufen werden, sind genauso unnütz wie QR-Codes auf Werbeflächen in internetfreien U-Bahnhöfen. In überdimensionaler Größe sprengen sie den Autofokus jeder Smartphone-Kamera – zumindest aus nächster Nähe. Und der schönste QR-Code nutzt nichts, wenn die Landing Page miserabel gestaltet ist oder gar unerreichbar bleibt.

Aber die symbolträchtige Schnittstelle macht tatsächlich Sinn – zwischen stationärem Handel und Internet, zwischen Produkt und Geschichte, zwischen Werbung und Lead-Generierung. Im Mobile Payment hat sich der QR-Code bereits etabliert (siehe Kapitel 5/Mobile Payment). Im Folgenden wollen wir auf weitere Anwendungen schauen, die für den stationären Handel relevant sind:

- **Erweiterung des Produktschildes:** Best Buy war einer der ersten großen Händler, der QR-Codes standardmäßig an den Fact Sheets seiner Produkte anbrachte.[152] Weiterführende Informationen sind nun mobil abrufbar, außerdem führt die Landing Page weiter in die sozialen Netzwerke. Hier wird also bewusst das stationäre Erlebnis mit den Meinungsplattformen verknüpft. Einen ähnlichen Weg geht die Baumarktkette Home Depot. Hinter den QR-Codes verstecken sich vor allem auch erklärende »How to use«-Videos.

- **Hintergrundinformationen – der Promi-Faktor:** Die traditionsreiche Warenhauskette Macy's hat unlängst den »Macy's Backstage Pass«[153] eingeführt. QR-Codes an bestimmten Modeartikeln führen auf Hintergrundvideos mit prominenten Designern, geben Beauty-Tipps und vieles mehr.

- **M-Commerce – Zielgruppe Zeitknappe:** Das neue Lieblingskind der innovativen Handelsszene »Emmas Enkel« (siehe Kapitel 4/Deep Support) setzt ebenfalls auf QR-Codes. Für eilige Kunden sind 400 Produkte auf einer Plakatwand an den Außenmauern des Düsseldorfer Geschäfts quasi im Vorbeigehen zu erstehen. So ist Einkaufen allerdings auch außerhalb der Ladenöffnungszeiten und fernab des eigentlichen Stores möglich. Denn zu Beginn des Jahres waren 40 Großflächenplakate im gesamten Stadtgebiet von Düsseldorf zu finden. Über das virtuelle Verkaufsregal können Produkte per Hauslieferung bestellt, aber auch fertig eingetütet im Ladengeschäft abgeholt werden (siehe auch Kapitel 5/Mobile Payment).

---

152 http://youtu.be/BQ0Ww-KOPdA
153 www.macys.com/findyourmagic

- **Full-Service rund um den QR-Code:** Microsoft kocht mit seiner eigenen Variante des 2D Barcode, »Microsoft Tag«[154] genannt, ein eigenes Süppchen. Hierzulande sind die etwas anders anmutenden Codes beziehungsweise Tags für den schnellen mobilen Zugriff wenig verbreitet. Microsoft selbst versucht sich damit jedoch, als Mobile-Marketing-Dienstleister zu positionieren, und setzt vor allem auf eine intelligente Verknüpfung zur NFC-Technologie (Near Field Communication). Auch das Tracking, also die Messbarkeit des Nutzerverhaltens, schreibt sich der einstige IT-Platzhirsch auf die Fahnen. Ein gesonderter Tag-Reader ist immerhin auch als iPhone App erhältlich. Nichtsdestotrotz, die Berater von PFSK haben im Auftrag von Microsoft eine schöne Zusammenfassung der Potenziale von 2D Barcodes veröffentlicht (vgl. PSFK 2011a). In Deutschland positioniert sich zum Beispiel die Siegburger Mobile Location GmbH als Dienstleister rund um QR-basiertes Marketing. Mit dem Dienst QRtool[155], eine Managementlösung auf Grundlage von Software-as-a-Service, will man die Brücke zwischen klassischer und mobiler Werbung schlagen.

- **Von offline zu online:** Ist der QR-Code mit einem Online-Angebot verknüpft, dann bieten sich folgende Links an: zur Website; zu einem digitalen Coupon; direkt in den Online-Shop; zu einem PayPal-Spendenbutton; zu einem Online-Video oder einer Bilderserie; zum Eintrag des Shops auf Google Maps und den dortigen Bewertungen; zum Auftritt in sozialen Netzwerken; zum Download der Händlermarken-App im iTunes App Store usw. PDF-Downloads oder große Bilddateien sollten übrigens eher per E-Mail zum Kunden gelangen (siehe nächster Punkt), weil umfangreiche Dateien die Nutzung des Smartphones blockieren. Außerdem geht es um schnelle Information, die auch im textlichen Umfang begrenzt sein sollte.

- **One-to-One-Spezialist:** Der QR-Code kann auch sehr direkte Wege ebnen, weil Smartphones eben mehr als Internetbrowser sind: zum Beispiel als Auslöser eines Anrufes (ohne Nummer extra eingeben zu müssen); direkte SMS-Anfrage; vorgeschriebene E-Mails usw.

---

154 http://tag.microsoft.com
155 www.qrtool.de

Praxistipp
So vermeiden Sie QR-Leichen

Mit QR-Codes können Sie beispielsweise Ihren Online-Auftritt mit dem Schaufenster verknüpfen. So können Sie potenzielle Kunden mit zusätzlichen Informationen zu Produkten versorgen, Herstellungsverfahren erläutern oder niedrigschwellige Kontaktmöglichkeiten bereitstellen. Sie brauchen dafür aber nicht gleich eine Agentur zu beauftragen. Die technischen Hürden sind relativ gering.

Hier einige Tipps:

- Etablierte Generatoren verwenden: Eine Google-Suche nach **»QR Code Generator«** liefert mittlerweile über zwei Millionen Einträge. Viele der meist kostenfreien Dienste werden von Nutzern bewertet. Einen guten Service liefert das Schweizer Unternehmen Kaywa[156], das schon sehr früh einen zuverlässigen QR-Code-Generator angeboten hat. Hier sind vor allem die funktionalen Elemente interessant: Neben der klassischen URL-Verknüpfung können auch Telefonnummern und SMS-Nachrichten über den QR-Code verknüpft werden.

- Individualisieren, wenn nötig: Einige Anbieter konzentrieren sich auf die **Gestaltung von QR-Codes.** So hat sich beispielsweise die Firma QR Suite aus Bielefeld auf QR-Code-Design spezialisiert.[157] Gegen Entgelt werden hier QR-Codes farbig aufgehübscht oder mit einem Logo und bestimmten Funktionen versehen.

- Interessant ist auch die **Integration von QR-Code-Generatoren in bestehende Content-Management-Systeme** wie bei den Baukasten-Anbietern von *Jimdo*. Innerhalb des Nutzermenüs lassen sich QR-Codes spielend einfach zu bestimmten Seiten des eigenen Webauftritts inklusive der Produkte aus dem Online-Shop erstellen.

- Auflösung beachten: QR-Codes sind ja an und für sich schon »pixelig« genug, deshalb sollte man die **Größe des QR-Codes** ohne »Reibungsverluste« für bestimmte Printformate (Flyer, Plakat etc.) modifizieren können. Einige Generatoren liefern hier entsprechende Einstellungsmöglichkeiten. Verschwommene QR-Codes lassen sich zwar meistens immer noch scannen, sind aber ästhetisch ein Graus.

---

156 http://qrcode.kaywa.com
157 www.qrcode-generator.de

- Auf ebenen Flächen platzieren: Problematisch sind **QR-Codes auf Flaschen**, konkaven oder konvexen Flächen wie einer Fahrradstange. Sie funktionieren meist nicht beim Abscannen. Mag sein, dass es hier mittlerweile Abhilfe durch spezielle Scan-Verfahren gibt. Eine sichere Kontaktgenerierung zu Ihrer Landing Page sieht jedenfalls anders aus.

- Keine Verrenkungen provozieren: Platzieren Sie **QR-Codes in bequem erreichbarer Höhe**. Oft werden sie im unteren Bereich etwa von Werbeplakaten positioniert. Das ist vor allem auch deshalb problematisch, weil Nutzer durch die Smartphone-Kamera schauen müssen, um den Code in der entsprechenden Lese-App zu platzieren.

- Zielseite muss sitzen: Der **Landing Page** sollten Sie größte Aufmerksamkeit schenken und sie auf jeden Fall für die Ansicht auf mobilen Geräten und kleinen Bildschirmen von Smartphones optimieren. Außerdem sollte sie dauerhaft erreichbar bleiben.

- Testen, testen, testen: Bevor Sie Ihre Print-Werbematerialien zum Drucker bringen, **testen Sie den QR-Code** mit allen zur Verfügung stehenden Geräten (iPad, iPhone, Android-Smartphones etc.).

- QR-Codes in den Regalen: Produkthersteller verwenden ebenfalls immer häufiger QR-Codes, sei es direkt **auf Verpackungen oder auf entsprechenden Werbeträgern** am Point of Sale. Testen Sie den einen oder anderen QR-Code selbst, um ein Gefühl für den Einsatz zu bekommen, aber auch um Ihre Kunden darüber aufzuklären und Ihnen nützliche Tipps zu geben.

5. Kunden zufriedenstellen

Das Internet wird die Erwartungshaltung von Kunden gegenüber dem stationären Einzelhandel hinsichtlich der Serviceangebote weiter steigern. Das Echtzeitmedium macht Verbraucher ungeduldig. Wer will heute noch in einer Telefonwarteschleife versauern, wenn eine Anfrage über Facebook schnell beantwortet sein muss, damit Unternehmen nicht den Unmut der »Freunde« auf sich ziehen. Anfragen und Beschwerden sind heute ja sichtbar wie nie zuvor. Eine schnelle Reaktion ist also unabdinglich.

Zeitersparnis ist sicherlich der wichtigste Parameter, wenn es darum geht, den Kundenmehrwert von digitalen Services zu bemessen. Händler und Dienstleister wiederum stehen hier aber nicht mit dem Rücken zur Wand, wie obiges Beispiel der Facebook-Anfrage glauben lässt. Im Gegenteil: Sind digitale Dienste sorgfältig durchdacht, zahlen sie nicht nur auf die Kundenzufriedenheit, sondern auch auf wichtige betriebswirtschaftliche Faktoren ein: auf qualitativ hochwertige Kundendatensätze, Kundenberatungseffizienz, stationären und Online-Umsatz und schnelle Kassenabwicklung.

Produktberatung: Der Serviceraum Internet ist ein Kundenbindungstool

Wir alle wissen aus Erfahrung, dass Beratung ein zutiefst menschlicher Vorgang ist. Er hat mit Vertrauen zu tun, mit Glaubwürdigkeit und selbstverständlich ist er mit mal mehr, mal weniger subtilen Verkaufstricks verknüpft. Beratung funktioniert von Angesicht zu Angesicht am besten – nur hier sind Zwischentöne hörbar, werden Sympathien und Antipathien aufgebaut.

Nicht ohne Grund versucht der Online-Handel krampfhaft, die Vorteile des stationären Verkaufs auch im Online-Store abzubilden. Rakuten ist das größte japanische E-Commerce-Unternehmen, das mittlerweile auch in Deutschland durch Aufkäufe von Online-Handelsplattformen wie Tradoria aufgefallen ist. Rakuten will erklärtermaßen mit kollaborativen Kommunikationstools näher an die Face-to-Face-Situation zwischen Verkäufer und Käufer am Point of Sale herankommen. Außerdem unternimmt das »japanische Amazon« zunehmend Anstrengungen, das Instore-Erlebnis auch online abzubilden.

Auf der anderen Seite aber ist das Internet heute der Vorhof jedweder Kundenbeziehung. 70 Prozent der Deutschen informieren sich einer Erhebung der europäischen Statistikbehörde Eurostat zufolge bereits vor einem Kauf im Internet über Qualität und Preis von Waren und Dienstleistungen. Rein stationär agierenden Händler mag das Angst einflößen, multikanal-versierte Händler wissen, dass sie gerade über die digitalen Kanäle Kunden für den Point of Sale gewinnen können. Beratung und Service sind ein wichtiges Vehikel bei der Nutzung des digitalen Raums als Kundengewinnungs- und -bindungsinstrument. Einige Beispiele:

- Auch **Friseure** entdecken das Internet als Einfallstor für neue Kunden. Der Plan B Salon[158] in Cambridge, Massachusetts, bietet Kunden eine 15-minütige **Vorab-Styling-Beratung via Skype Video** an – vorwiegend montags und nach Vereinbarung eines Termins über die Website der Haarescheider.

- Dass für viele Männer das Shoppen eher Mittel zum Zweck ist, macht sich der **Concierge-Service für Männermode** »Trunk Club«[159] zunutze. Die Kleidungsstücke werden nach Hause geliefert, können dort in Ruhe anprobiert werden und trotzdem erhält der Kunde eine professionelle Beratung via Webcam. Das individuelle Beratungsgespräch wandert über die neuen Kommunikationskanäle vom Point of Sale ins heimische Wohnzimmer. Der Online-Fashion-Retailer ASOS bot ausgewählten Kunden als Marketingaktion im Februar 2012 **kostenlose »Style Sessions« via Skype** an.

- Der hessische **Schuhhändler Majo** macht sein **Kundenbindungsprogramm vor allem über diverse Online-Services attraktiv**: darunter eine Verfügbarkeitsabfrage von Schuhmodellen in den Filialen oder ein Formular zur Herstelleranfrage bei vergriffenen Modellen. Online registrierte Stammkunden erhalten auf Wunsch Veranstaltungshinweise für die jeweils nächstgelegene Filiale und können Haus- und Angebotspreise einsehen. Um valide Kundendaten zu bekommen, wird die Angabe des Geburtsdatums mit einem Geschenkgutschein zum Geburtstag belohnt.

- Auch das **Bettenhaus Thaler**[160] aus der Schweiz verbindet seinen Webauftritt mit zentralen Services. So etwa können Kunden einen Beratungstermin zum Kauf des nächsten Bettsystems online vorschlagen. Auch die Option »Heimberatung« ist anwählbar. Außerdem versorgt der Einzelhändler seine Kunden mit **PDF-Downloads**: Pflegehinweise für Bettwäsche, Matratzen, Bettgestelle aus Holz oder »10 Tipps für den optimalen Einkauf«. Die PDFs sind sorgfältig aufbereitet. Das Firmenlogo und die Kontaktdaten sowie das gesamte Corporate Design finden sich darin wieder.

---

158 www.planbsalon.com
159 www.trunkclub.com
160 www.bettenthaler.ch

- Unter den teuersten Applikationen für Smartphones finden sich Personal-Health-Assistenten, die Kontrollfunktionen übernehmen oder Messwerte ermitteln. **Fitnessstudios**[161] bieten mittlerweile Online-Kurse an oder konfigurieren und kontrollieren den **individuellen Trainingsplan**.

Bricks & Clicks Szenario
Media-Räume für den digitalen Kundenservice

Stationäre Kunden über das Internet zu erreichen hat viele Prägungen – ob Vorab-Beratung oder Vorbestellung, ob Auskunftsservice per Skype oder Sortimentspräsentation. In absehbarer Zukunft könnten Media-Räume zum innenarchitektonischen Standardrepertoire neben Teeküche und Lager zählen. Hier kümmert sich das Personal um alle netzgenerierten Kundenanfragen, ist ausgestattet mit vernünftiger Hard- und Software und ist letztlich auch der Ort, um sich mit Kollegen aus anderen Filialen oder der Zentrale auszutauschen – etwa wenn es darum geht, harte Nüsse im Tagesgeschäft zu knacken. Auszubildende könnten sich darüber besser vernetzen und Praxiserfahrungen austauschen (siehe auch Kapitel 7/Social Business)

Click & Collect: Online bestellen und vor Ort abholen

Alles deutet darauf hin, dass der stationäre Einzelhandel einen neuen Standard im Kundenservice eingeführt hat: Ware online bestellen und vor Ort fertig eingetütet abholen zu können, das schreiben sich mittlerweile alle großen Ketten auf die Fahnen. Rewe etwa hat derzeit 11 Märkte auch als »Abholmärkte«[162] positioniert (Stand: Juni 2012). Auch Edeka-Händler[163] wollen den mobilen Kunden ansprechen. Real[164] ist mit lediglich zwei Standorten im Geschäft.

Vor allem lässt Händler aufschrecken, dass sich die Zahl der Einkäufe bei Studierenden, Berufseinsteigern und jungen Familien negativ entwickelt hat. Die GfK macht eine 16-prozentige Abnahme zwischen 2006 und 2011 aus. Zeitknappe Zielgruppen gilt es also mit dem »Click & Collect«-Modell zu erreichen.

Noch sind es zwar Pilotprojekte und auch eine Beobachtung des Abhol-Schalters mag den Eindruck erwecken, es ist ein Dienst am Kunden vorbei. Denn die Frequenz ist beileibe noch keine wirtschaftliche Größe. Aber der Blick über die Landesgrenzen hinweg, insbesondere nach Frankreich, zeigt, dass

---

161 zum Beispiel www.gymamerica.com oder www.pur-life.de
162 www.rewe-online.de
163 zum Beispiel www.ellhofen.edekadrive.de
164 www.real-drive.de

»Click & Collect« in Ballungsgebieten und urbanen Milieus mit der Zeit sehr gut wahrgenommen wird.

- **Drive-in-Supermarkt:** Die französische Supermarkt-Kette Leclerc[165] bietet seit geraumer Zeit den Drive-in-Service an. Kunden bestellen und bezahlen über das Internet und holen Butter, Milch, Gemüse, Tiefkühlkost & Co. ordentlich eingetütet an der Pick-up Area ab.

- **Bei Tante Emma gab es das schon immer:** Was früher über Telefon gelaufen ist, wird mit Smartphone & Co. zum Geschäftsmodell. Exzellent spinnt der Düsseldorfer Einzelhändler »Emmas Enkel« den »Click & Collect«-Gedanken weiter. Weitere Vereinfachung des Online-Bestellvorgangs liefern hier Großplakate mit dem Zugang zum Online-Shop über QR-Codes oder aber auch die alternative Sortimentsführung nach Themenkörben (siehe Kapitel 4/QR-Code).

Bricks & Clicks Szenario
Shopping-Terminals im Wartebereich

Mobile Commerce ist Vertrauenssache. Ein großer Hemmschuh beim Einkaufen und Bezahlen mit Smartphone (aber auch mit PC und Laptop) ist das fehlende Vertrauen in die Technologie und die Angst vor Datenklau. Schlecht designte E-Shops tragen ihr Übriges dazu bei, dass die Abbruchsquote beim digitalen Kaufvorgang relativ hoch ist. Findet der Handel wirklich Gefallen am »Click & Collect«-Modell, ist es gut vorstellbar, dass Verbrauchern die Online-Bestellung künftig noch einfacher gemacht wird: mit Bestellterminals, die sich vor allem durch hohe Nutzerfreundlichkeit auszeichnen. Bankautomaten kann mittlerweile auch fast jeder bedienen.

Handelsmarkengebrandete Shopping-Terminals könnten dort stehen, wo sie Sinn machen: beim Friseur, im Wellnessbereich eines Schwimmbades, im Wartezimmer des Arztes, im Zug oder am Flughafen. Dort eben, wo Menschen viel Wartezeit verbringen und nicht zwangsläufig mit Smartphone oder Laptop am Netz hängen (wollen). Am Terminal des heimischen Supermarktes wird die Bestellung also aufgegeben, auf der Heimfahrt nach Hause holt man den bereits bezahlten Einkaufskorb am Pick-up-Schalter ab. Convenience pur.

---

165 www.leclercdrive.fr

Mobile Payment: Neue Bezahlverfahren am Point of Sale

Die Kasse ist das Servicezentrum des Einzelhandels. Wenn nicht hier, wo sonst findet sich ein Ansprechpartner für Auskünfte und Beschwerden jeglicher Art? Kunden können an der Kasse aber auch Bankgeschäfte abwickeln. Rewe war Vorreiter mit dem »Cash back«-Service, der die EC-Kartenzahlung mit dem Geldabheben verbindet. Edeka Grümmi aus Neumünster will nun gar elementare Bankdienstleistungen wie Ein- und Auszahlungen oder Kontostandsabfragen möglich machen – auch ohne tatsächlichen Einkauf.

Klar ist auch: Die unbare Zahlungsabwicklung ist ein Wettbewerbsfaktor. Je weniger Bargeld im Umlauf ist, desto geringer die Kosten für Transport, Sicherheit oder Wechselgeldfehler des Personals. Und womöglich ist zwischen Bargeld-Handling und der – gemessen am Umsatz – dreimal so teuren EC-Kartenzahlung für den Handel noch Spielraum für eine weitere Art des Check-out.

Denn die Allround-Kasse ist künftig nicht mehr nur ein zusätzlicher Bankautomat, wollen Händler auf die zunehmende Bedeutung von Mobilität und Flexibilität seitens der Kunden reagieren. Mit entsprechender Hard- und Software ausgestattet ist die Kassenzone die Kundenzufriedenheitsrampe der »App Economy« (vgl. Mayer 2012) schlechthin: vom Mobile Couponing (siehe Kapitel 3/ Mobile Couponing) bis zur Akzeptanz digitaler Geldbörsen, um die es im Folgenden gehen soll.

Die Evolution des Bezahlens schreitet zweifelsohne voran: von der Barzahlung über kartenbasierte Verfahren hin zu Lösungen, die aus einem Smartphone eine digitale Brieftasche, die sogenannte »E-Wallet«, machen. Anbieter für die Abwicklung von bargeldlosen Transaktionen jenseits der Plastikkarte gibt es mittlerweile zuhauf: von »Google Wallet«[166] über »Isis«[167] bis hin zu »MASTERCard PayPass«[168], das bundesweit beispielsweise an den Tankstellen von Aral und in Douglas-Filialen als Zahlungsalternative angeboten wird und in den USA mittlerweile auch für Online-Zahlungen zum Einsatz kommt.

Hierzulande gehen seit dem Frühjahr 2012 auch die Sparkasse, Volksbanken und Raiffeisenbanken mit »girogo«[169] in bundesdeutschen Pilotregionen neue Wege beim kontaktlosen Bezahlen von Beträgen bis 20 Euro. Die treibende Technik hinter den meisten Diensten ist die sogenannte Near Field Communication (NFC), die es ermöglicht, mit dem Smartphone schnell und – idealerweise – sicher kontaktlos zu bezahlen. Datenschützer und Sicherheitsexperten haben aber mehr als ein Auge auf die vermeintlichen Innovationen. Sicherheitslücken beispielsweise bei Google Wallet, wie sie zu Beginn des laufenden Jahres publik wurden, tragen nicht zur bedingungslosen Akzeptanz der digitalen Geldbörse bei. Sicherheit ist der Flaschenhals, durch den die NFC-Technologie muss.

---

166 www.google.com/wallet
167 www.paywithisis.com
168 www.paypass.com
169 http://girogo.sparkasse.de

Noch mangelt es zwar an flächendeckenden Akzeptanzstellen im Handel. Aber dass Handlungsbedarf geboten ist, bestätigt auch die EHI-Studie »Kassensysteme 2012«. Darin sehen die Händler an der effizienteren Gestaltung der unbaren Bezahlung das drängendste Problem bei der Verbesserung des Kassierprozesses (vgl. EHI Retail Institute 2012b)

Offensichtlich ist aber auch, dass die Protagonisten beim Bezahlen mit dem Smartphone – kurz: Mobile Payment – Internetunternehmen und nicht klassische Finanzdienstleister sind. Dutzende von Start-ups stehen bereits in der Startlöchern oder sind – wie das Unternehmen Square (siehe unten) – mit reichlich Investorenkapital ausgestattet schon im Geschäft.

Bricks & Clicks Szenario
Durchbruch des digitalen Kassenzettels dank Mobile Payment

Der Kassenzettel ist ein veritabler Informationsträger, um Kunden auf bestimmte Angebote aufmerksam zu machen. Coupons auf Kassen- oder Pfandbons haben sich längst etabliert, ist deren Mehrwert doch unmittelbar für Kunden nachvollziehbar. Weitaus weniger geläufig ist es, den Kassenzettel etwa als »Touchpoint« zu Produkt- oder Servicebewertungen im Internet zu nutzen oder gar als Akquisewerkzeug für neue Newsletter-Kunden.
Dies könnte sich allerdings mit der zunehmenden Verbreitung von mobilen Zahlungsverfahren ändern. Denn mit ihnen wird sich auch die Online-Rechnung stärker durchsetzen. Damit sind auch Hinweise auf internetbasierte Kommunikationsangebote oder gar den Online-Shop nur einen Klick beziehungsweise Fingertipp entfernt (siehe auch Kapitel 2/E-Mail-Marketing).

Mobile Payment ist in Branchenkreisen eines der am heißesten diskutierten Trendthemen. Ein US-amerikanisches Marktforschungs- und Beratungsunternehmen beziffert die weltweit mobil abgewickelten Transaktionen für 2016 auf 617 Milliarden US-Dollar. 2011 waren es noch 105,9 Milliarden US-Dollar, für 2012 werden 171,5 US-Dollar veranschlagt – eine Steigerung von über 60 Prozent. NFC wird den Experten zufolge erst 2016 flächendeckend eingesetzt werden. Noch dominieren in den Schwellen- und Entwicklungsländern Asiens und Afrikas SMS-basierte Zahlungsverfahren (vgl. Shen 2012).

Zahlreiche Modelle versuchen derzeit, in den westlichen Industrienationen Fuß zu fassen, seien es Kreditkarten-Leseaufsätze für Smartphones, neuartige Lastschriftverfahren[170] oder QR-basierte Zahlungsweisen[171].

---

170 zum Beispiel www.dwolla.com
171 zum Beispiel www.thelevelup.com

Das Smartphone als Kartenlesegerät – Terminal adé

Bis das kontaktlose Bezahlen auch im Kiosk um die Ecke zur Selbstverständlichkeit wird, werden noch einige Jahre ins Land gehen. Nichtsdestotrotz ist der Payment-Markt in Bewegung und an Alternativen bei der Zahlungsabwicklung am Point of Sale herrscht kein Mangel. Vorreiter-Unternehmen kommen meist aus den kreditkartenverwöhnten USA und sie zeigen, dass auch in kartenbasierten Zahlungsverfahren noch immer eine Menge Potenzial steckt:

- **Kreditkartenannahme selbst auf dem Flohmarkt:** Jack Dorsey ist kein Unbekannter. Der US-Amerikaner war Mitbegründer des Microblogging-Dienstes Twitter und hat sich nun auf den Finanzdienstleistungssektor gewagt. Mit seinem Unternehmen Square[172] demokratisiert er gegenwärtig das Kreditgartengeschäft. Denn mit einem kleinen, aufsteckbaren quadratischen Zusatzgerät verwandelt Square jedes iPhone in ein Kreditkartenterminal. Interessant ist diese Lösung vor allem für Kleinunternehmer, Gelegenheitshändler und mobile Verkäufer, die sich die teuren Anschaffungs- oder Mietkosten für Kreditkartenlesegeräte nicht leisten wollen. Auch Dienstleister wie Gastronomen und Taxifahrer werden mit Square und der entsprechenden Applikation für iPhone und iPad angesprochen. Finanziert wird der Dienst über eine 2,75-prozentige Transaktionsgebühr, gemessen an der Einkaufssumme. Mittlerweile stellt Square auch ein applikationsbasiertes Kassensystem für das iPad zur Verfügung, das sogar mit einem individuellen Bonusprogramm zur Kundenbindung bestückt werden kann. Die Smartphones von Shoppern wiederum kann Square auch in digitale Geldbörsen verwandeln. Eine stetig steigende Zahl von Dienstleistern und Händlern in den USA akzeptiert die Zahlung via »Pay with Square«. Auch hier sind Couponing-Elemente integriert. Experten zufolge bereitet das innovative Unternehmen derzeit seinen Markteintritt in Europa vor. Das jährliche Transaktionsvolumen beläuft sich Unternehmensangaben zufolge auf rund 6 Milliarden US-Dollar, allein im April 2012 wurden 416 Millionen US-Dollar über Square abgewickelt. Zu den bisherigen Investoren des Unternehmens zählen der Business-Abenteurer Richard Branson, aber auch Visa. Kein Wunder, sind die Kreditkartenunternehmen doch Profiteure dieser Entwicklung. An jeder Transaktion über Square verdienen sie mit.

- **Groupon will mitmischen:** Auch die Schnäppchenplattform Groupon, so berichtete im Mai 2012 die Nachrichtenseite *Bloomberg.com*, spielt mit dem Gedanken, einen Kartenleseaufsatz für Smartphones anzubieten. Der Vorteil von Groupon: Die bestehenden Kontakte zu weltweit Millionen von Einzelhändlern und Dienstleistern. Es wäre für das Groupon-Vertriebsteam ein

---

172 www.square.com

leichtes Unterfangen, eine Square-Kopie unters Volk zu bringen. Schätzungen zufolge gibt es allein in Deutschland fünf Millionen Kleingewerbetreibende, für die eine Kreditkartenannahme mit dem »Swipe«, dem Drüberziehen über einen kleinen Smartphoneaufsatz, von Interesse sein könnte.

- **Square-Klone in den Startlöchern:** Aber natürlich haben auch diesseits des Atlantiks diverse Jungunternehmer die Kartenlese-Lösung von Square im Blick und hoffen, sich ein Stückchen vom zukunftsträchtigen Mobile-Payment-Markt abschneiden zu können. Investoren finden sich zuhauf. Zu den »Copycats« zählen unter anderen das schwedische Unternehmen iZettle[173]. In Deutschland will das Start-up SumUp[174] Bewegung in den Markt bringen, befindet sich aber gegenwärtig (Stand: Juni 2012) noch in der Testphase. Ebenso am Anfang stehen Streetpay[175] und die von der Start-up-Schmiede »Rocket Internet« unterstützte Marke »payeleven«[176]. Mit payeleven können stationäre und mobile Händler hierzulande bald Kreditkarten von MasterCard und American Express, aber auch EC-Karten entgegennehmen – vorausgesetzt, dem Square-Klon gelingt es, Verbrauchervertrauen in die neue Bezahlweise per Karten-Swipe aufzubauen. In diese Vertrauenslücke könnten indes auch etablierte Finanzdienstleister preschen: Mit »PayPal here«[177] ist auch der Online-Riese auf den Zug der aufsteckbaren Kartenlesegeräte für Smartphones gesprungen. Die Geschäftsmodelle aller Anbieter unterscheiden sich kaum: Sie verdienen an der prozentualen Transaktionsgebühr, mitunter an einer zusätzlichen Pauschale pro Transaktion und künftig wohl auch über Werbung und Kundenbindungsprogramme, die sie für ihre Partner innerhalb des Bezahlverfahrens integrieren.

---

173 www.izettle.com
174 www.sumup.de
175 www.streetpay.com
176 www.payleven.de
177 www.paypalhere.com

Für stationäre Händler bedeutet Mobile Payment künftig vor allem eines: die Qual der Wahl

Denn der Markt wird einstweilen äußerst fragmentiert bleiben, bis sich breit akzeptierte Verfahren auf den Smartphones (und an der Kasse) etabliert haben. Denn klar ist: Nur durch eine bündige Zusammenarbeit zwischen Banken, Kartenanbietern, IT-Dienstleistern und stationärem Handel wird das Vertrauen aufseiten der Kunden geweckt. Jede Nachricht über Sicherheitslücken im Mobile Payment oder technische Probleme bei der Abwicklung am Kassentresen wird Kunden davon abhalten, ihr mit EC-, Kunden- und Kreditkarten bestücktes Portemonnaie zu Hause zu lassen.

Die Zahlungsintermediäre wiederum müssen ihre Lösungen an die lokalen Marktbedingungen anpassen. Kreditkarten beispielsweise sind in Deutschland weitaus weniger verbreitet als in den USA. Außerdem fallen länderspezifische Regulierungen und Gesetze ins Gewicht. In Kalifornien etwa musste das Start-up FaceCash seine Mobile-Payment-Lösung aufgrund der Intervention des Gesetzgebers, der wiederum durch die Lobbyverbände der Finanzindustrie beeinflusst ist, vom Markt nehmen. Die FaceCash App bestätigt die Identität des Nutzers anhand des Portraitfotos des Nutzers statt über dessen Unterschrift.

M-Commerce: 24/7-Shopping mit dem Smartphone – QR macht's möglich

Betrachtet man die Vorteile des E-Commerce gegenüber dem stationären Einzelhandel, sind dies zuvorderst die Verfügbarkeit der Produkte und die unbegrenzten Ladenöffnungszeiten, die ein Online-Store mit sich bringt. Aber beide »Nachteile« versucht der stationäre Handel nun durch Multi-Channel-Elemente auszugleichen. Über die Online-Katalogisierung des stationären Warenbestandes konnten Sie bereits in Kapitel 1/Verfügbarkeit lesen. Wie sich Händler mittlerweile das Verkaufen über mobile Endgeräte zunutze machen, sollen folgende Beispiele zeigen:

*   **Der Plakatshop:** Der britische Einzelhandelskonzern Tesco zählt zu den Vorreitern des Mobile Commerce. Im smartphone-affinen Südkorea ist Tesco mit der Marke »Home plus« stationär und online präsent. Und dort versuchte er, dem koreanischen Marktführer »E-Mart« Paroli zu bieten. In einer U-Bahnstation testete er den Verkauf von Lebensmitteln über Werbetafeln, die wie Regale aus dem Supermarkt aussahen. Alle Produkte konnten über einen QR-Code im entsprechenden E-Shop von »Home plus« bestellt werden. Die

Auslieferung der Ware erfolgte noch am selben Tag. Die Kampagne steigerte den E-Commerce-Umsatz um 130 Prozent und brachte dem Unternehmen 76 Prozent mehr registrierte Online-Kunden.[178]

- **QR-Markenkampagne:** In Deutschland griff die Drogeriemarktkette Budnikowsky den Plakatshop als Erstes auf. Und zwar in einer Kampagne, welche die neu eingeführte Produktmarke Aliqua samt Online-Shop für Naturkosmetik bewerben sollte. Auch hier waren die abgebildeten Produkte über einen QR-Code im E-Shop zu bestellen.

- **Die QR-Offensive von PayPal:** Sollen Instore- und Schaufenster-Verkäufe über einen QR-Code abgewickelt werden, dann dürften Kunden künftig öfters »PayPal QR-Shopping«[179] in Anspruch nehmen. Nach einer vorweihnachtlichen Testphase in der Londoner EBay-Boutique wurde im Frühjahr 2012 auch in Deutschland der neue PayPal-Dienst eingeführt. Der Berliner Computerhändler und Apple-Reseller mStore nutzt seither QR-Codes, um Produkte aus dem Schaufenster oder auf Instore-Plakaten über die entsprechende PayPal-App per mobiler Online-Bestellung und Lieferung an die Kunden zu bringen – ohne Schlangestehen, ohne Bindung an Ladenöffnungszeiten. Die Vorteile einer Partnerschaft mit dem Platzhirschen PayPal liegen auf der Hand: PayPal QRShopping bringt potenzielle 16 Millionen Kunden in die Partnerschaft ein – so viele Menschen besitzen in Deutschland einen Account beim Internetbezahldienst, der zudem mit dem Argument »Käuferschutz« wirbt. Nutzer- und Kontodaten müssen also nicht in einem jeweils separaten Online-Shop hinterlassen werden – ein Vertrauensvorsprung. Außerdem greift PayPal auf die Integrationstechnologie der etablierten Itellium Mobile Solutions GmbH zurück, die sicherstellt, dass mobile Lösungen wie Payment-Applikationen für das Smartphone adäquat an die Warenwirtschafts- und Shopsysteme der Händler angebunden werden. PayPal hat ohnehin ein Auge auf den stationären Handel und ist längst kein reiner Internetbezahldienst mehr für Online-Shops. In den USA testet die EBay-Tochter in einem Pilotprojekt mit der US-Baumarktkette Home Depot die Kassenabwicklung über Telefonnummer und Pin. Damit eliminiert PayPal sogar zusätzliche Hardware am Point of Sale und macht seinen größten Schatz auch für Partner zugänglich: Kundendaten.

- **Säbelrasseln im Zukunftsmarkt:** Im März 2012 kolportierte der *Der Handel*, die Otto Group würde im nächsten Jahr unter dem Markennamen Yapital[180] eine Zahlungslösung nach dem Muster von PayPal anbieten. Gespräche mit Edeka und Rewe seien bereits geführt. Die Anwendung soll die

---

178 http://youtu.be/fGaVFRzTTP4
179 www.qr-shopping.de
180 www.yapital.com

Abwicklungskanäle online, stationär und mobil ebenfalls über den QR-Code verzahnen.

Mit dem QR-Code Mehrwerte schaffen

An den obigen Beispielen wird deutlich, dass der QR-Code ein veritables Werkzeug sein kann, um Umsätze in einem Online-Store, aber auch stationär zu steigern. Kunden erfahren über diesen Cross-Channel-Ansatz einen Mehrwert insbesondere dann, wenn ...

• **... Warte- und Einkaufszeiten mit mobilem Online-Shopping überbrückt** oder gar eliminiert werden können. Voraussetzung ist allerdings eine ausgezeichnete Lieferlogistik, die Bestellungen innerhalb kürzester Zeit zum Kunden bringt oder zur bequemen Abholung durch den Kunden bereitstellt.

• **... Produkte im Schaufenster auch nach Ladenschluss** noch direkt über einen Online-Shop zu ordern sind oder in Verbindung mit einer Terminvereinbarung für eine Anprobe oder einen Test am Point of Sale »zurückgelegt« werden können.

Smarte Kundenbindung: Von der Guthabenkarte zur Guthaben-App

Um Shopper an eine Mobile-Payment-Lösung zu binden, setzen fast alle Anbieter auch auf integrierte Rabatt- und Belohnungssysteme. Diesen Kundenbindungsansatz nehmen auch die Point of Sale-Partner als Mehrwert wahr. Werden mit einer bestimmten Smartphone-Applikation mehrere Rechnungen in ein und demselben Restaurant beglichen, erhält der Kunde entsprechenden Rabatt oder beispielsweise ein Freigetränk.

Der geschmeidigste und unterm Strich profitabelste Weg für Händler und Dienstleister ist aber, ein eigenes Zahlungssystem zu etablieren. Denn so lassen sich Kundenbindungsmaßnahmen noch bündiger stricken.

• **Kundenbindung über Guthaben:** Die norddeutsche Bäckereikette Junge geht unkonventionelle Wege. Anstatt ihre Kundenkarte für das übliche Repertoire des Dialogmarketings nutzbar zu machen, verzichtet sie auf die Erhebung von persönlichen Daten und fokussiert auf das Geschäft mit aufladbarem Guthaben und das Sammeln von Treuepunkten.[181] 140.000 Karten, so berichtet das Wirtschaftsmagazin *Der Handel*, seien im Umlauf. Das sind rund 800 Kundenkarten pro Filiale (vgl. Bender u.a. 2012a, S. 29).

---

181 www.jb.de/de/filialen/junge-card.html

Das Kundenbindungsinstrument löste 2009 die papiernen Stempelkarten ab. Die Beliebtheit der Karte ist sicherlich auf die anonyme Nutzung zurückzuführen. So funktioniert sie ebenso als Geschenkgutschein wie als »Taschengeld« für Schüler, die sich ihr Pausenbrot bequem und ohne Bargeld beim Bäcker besorgen können. Zudem reduziert die digitale Abwicklung der Bezahlung Wartezeiten an der Brötchentheke. Laden Kunden ihr Guthaben über das Internet und nicht am Point of Sale auf, müssen allerdings persönliche Daten preisgegeben werden – sicherlich kein Nachteil für das Unternehmen. Selbst ein Dauerauftrag für die periodische Überweisung von Guthaben auf die Karte ist möglich.

- **Mobile Payment mit App und digitaler Kundenkarte:** Starbucks war noch nie ein einfaches Straßen-Café. Es hat maßgeblich dazu beigetragen, dass Kaffee auch hierzulande zu einem Lifestyle-Getränk avancierte und das Kaffeehaus zum sogenannten »Third Place« mutierte, in dem mit WLAN ebenso am Laptop gearbeitet wie bei loungiger Musik in der Ecke relaxt werden kann. Auch bei der Anwendung neuer Technologien ist Starbucks ein Pionier – nicht nur in Sachen Brühtechnik. Die digitale Kommunikations- und Vertriebsstrategie der Kaffeehauskette ist eine mächtige Waffe in einem wettbewerbsintensiven Marktumfeld. Im März 2012 wurde gar eine neue Schlüsselposition im Unternehmen geschaffen, die sich um alle Belange des Digitalen kümmern soll: der Chief Digital Officer (CDO). Die Stelle ist aktuell von Adam Brotman besetzt, der ebenso für die Internet- und mobile Strategie verantwortlich zeichnet wie für den E-Commerce, Wi-Fi in den Filialen, neue Instore-Technologien oder für die »Starbucks Card«[182]. Letztere ist ein äußerst erfolgreiches Kundenbindungsinstrument mit allen gängigen Ansätzen wie Treuepunkte oder aktionsbezogene Freigetränke. Seit Januar 2011 aber ist die Kundenkarte auch in den mobilen Starbucks-Applikationen für Smartphones[183] integriert. Ein 2D-Barcode genügt, um sich am Point of Sale als Stammkunde zu identifizieren. Die Plastikkarte wurde also überflüssig gemacht. Aber damit nicht genug: Die kundenkartenkombinierte Starbucks-App wird in den USA, in Kanada und Großbritannien bereits im großen Stil als digitale Geldbörse eingesetzt. Bis April 2012 wurden mehr als 45 Millionen Mobile-Payment-Transaktionen durchgeführt. Tendenz stark steigend. Das Guthaben kann sowohl über das Internet als auch direkt in der App über die Kreditkarte aufgeladen werden. Hierzulande will der Systemgastronom Vapiano[184] noch in diesem Jahr seine App für mobiles Bezahlen aufrüsten.

---

182 www.starbucks.com/card
183 www.starbucks.com/coffeehouse/mobile-apps
184 www.vapiano-people.com

Self-Scanning – die nächste Revolution im Kassiervorgang

Noch muten Selbstzahlerkassen wie Arbeitsbeschaffungsmaßnahmen an, anstatt Kassenpersonal ersetzen zu wollen. Und das, obwohl die Metro-Group schon 2003 anfing, sie einzuführen. In bundesweit etwa 70 Real-Märkten können Kunden selbstständig auschecken. An den SB-Kassen von IKEA aber stehen nicht selten zwei Hilfskräfte, die freundlich und zuvorkommend den Kunden die Funktion dieser »zeitsparenden« Neuerung erklären und in regelmäßigen Abständen stecken gelassene EC-Karten den Kunden hinterhertragen. Es kann also durchaus als Fantasie der Ingenieure abgetan werden, dass es eine stationäre Zukunft gänzlich ohne Kassenpersonal geben wird. Dabei muss noch nicht einmal das Argument oder die Unterstellung ins Feld geführt werden, der Kunde neige mit SB-Kassen zum Betrug.

Gewohnheiten, die soziale Funktion der Kasse – hier findet mitunter der einzige zwischenmenschliche Kontakt zum Kunden statt – und die viel flinkeren Hände einer Kassiererin aus Fleisch und Blut verhindern auch langfristig, dass »Self-Scanning« zum Volkssport wird.

Dennoch dürfen die Vorteile von Selbstzahlerkassen nicht wegdiskutiert werden. Und dass das Scannen von Produkten auch als Teil eines Couponing-Systems verstanden werden kann, zeigen verschiedene US-amerikanische Händler und Dienste. Nicht zuletzt aber ist auch die autonome Abwicklung von Geschäftsprozessen ein eingeübtes Verhalten. Denn heute nutzen wir wie selbstverständlich ein EC-Terminal zum Geldabheben, ziehen uns Fahrkarten aus dem Automaten und checken selbstständig am Flughafen ein. Mit einer ähnlichen Selbstverständlichkeit werden all diese Prozesse schon heute über Smartphones abgewickelt: Mobile Payment, Mobile Ticketing, Mobile Check-in.

Noch scheint der Self-Check-in-Schalter in den Flughafenhallen zwar das Nonplusultra bei der autonomen Registrierung von Passagieren. In Managementkreisen wird der mobile Check-in aber bereits als nächster wichtiger kostensenkender Effizienzschritt in der Abfertigungskette gehandelt – neben RFID bei der Gepäckbehandlung und biometrischen Erkennungsverfahren bei der Passkontrolle. Austrian Airlines etwa rechnet damit, dass bald jeder zweite Fluggast per Internet oder Smartphone eincheckt. Die Branche, die bisher beim Thema Mobile Check-in uneinheitlich gehandelt hat, einigte sich immerhin auf den 2D-Code als Authentifizierung.

Und so nimmt es nicht Wunder, dass auch das Einkaufen und Bezahlen am Point of Sale zunehmend alleinverantwortlich gestaltet werden kann:

- **Zeit sparen durch Scannen:** Nach der Einführung von handlichen Scannern, die vor dem Einkauf an einer Ausgabestelle den Kunden zur Verfügung gestellt werden, hat der US-amerikanische Lebensmittelhändler Stop & Shop[185] auch eine mobile App für Smartphones parat. Mit »Scan It!«[186] will er vor allem Warteschlangen an den Kassen und den Einkaufsprozess als solchen verkürzen helfen. Denn einmal gescannt, kann die Ware sofort im Einkaufskorb verschwinden und muss nicht mehr auf das Kassenband gelegt und nach dem Bezahlen erneut eingetütet werden. Kunden können selbst – nach Eingabe oder dem Scannen ihrer Kundenkartennummer – alle Produkte des Geschäfts zu einem virtuellen Warenkorb hinzufügen. Ein Scan des jeweiligen Barcodes genügt. Aber damit nicht genug. Nutzer dieser Instore-Applikation erhalten auch Push-Nachrichten zu Angeboten, Rabatten und 2-für-1-Aktionen, wenn sie sich in der Nähe des entsprechenden Produktregals befinden. Um den Einkauf zu beenden, müssen Kunden die ausgewiesenen SB-Kassen aufsuchen und dort, ebenfalls mit dem Abscannen eines Barcodes, den virtuellen Einkaufskorb zur Kasse »schicken«. Frischeprodukte wie Obst und Gemüse, die gewogen werden müssen und keinen Barcode haben, können an der Selbstzahlerkasse nachträglich auf den Kassenzettel gesetzt werden. Bezahlt wird dann mit allen gängigen bargeldlosen Zahlungsverfahren.

Mittlerweile bieten zahlreiche US-amerikanische, aber auch deutsche Handelsketten eigene Applikationen für iPhone und Android-Geräte an: so beispielsweise Rewe mit der iPhone-App »Rewe MeinkaufsBox« oder Edeka Rhein-Ruhr und die Regionalmarke »Unsere Heimat« mit jeweils einer Anwendung für das iPad. Auch Metro und Real sind mit eigenen Einkaufsplanungs-Apps vertreten. Lidl verknüpft seine App mit dem Online-Store. Über speicherbare Einkaufszettel, Produktinfos, Hinweise auf Sonderangebote, Store-Finder und Spiele gehen die meisten Anwendungen funktional aber nicht hinaus.

Stop & Shop ist eine der ersten mobilen Instore-Anwendungen, die ein SB-Kassensystem mit der Kundenkarte und dem tatsächlichen Einkauf vor Ort durch Self-Scanning verknüpft. Ist diese IT-Infrastruktur im Backend der Warenwirtschaft erst einmal gelegt, ist der Weg zur Online-Bestellung und Lieferung nicht mehr weit. Produktinformationen und Shopping-Ratgeber sind dann lediglich einfach zu handhabende Zusatzfunktionen, die zum Standard zählen.

---

185 www.stopandshop.com/our_stores/tools.htm
186 http://youtu.be/nF_TrEnZv2M

Vorteile von händlereigenen Smartphone-Applikationen:

- Schnellerer Kassiervorgang durch Payment-Integration (wichtig insbesondere zu Stoßzeiten und bei kleinen Warenkörben wie in der Mittagspause)

- Geringe Streuverluste im Mobile Marketing (zum Beispiel durch die Ansprache der Kunden am Regal)

- Verknüpfung mit dem Kundenbindungsprogramm (u.a. valide Daten zum Einkaufsverhalten)

- Grundlage für jedweden Multi-Channeling-Ansatz (online bestellen und stationär abholen, E-Commerce generell)

- Online-Branding der Handelsmarken

- Integration von Gewinnspielen und Ähnlichem

- Engere Verzahnung mit den Social-Media-Auftritten (Kommentare, Bewertungen etc.)

Smarte Technologien am Point of Sale: Mehr als Spielerei

Das Wettrüsten hat begonnen. In absehbarer Zeit wird kaum ein Kunde mehr ohne »digitale Prothese« und heißen Draht ins Internet an den Point of Sale kommen. Darauf muss der Handel reagieren.

Aber natürlich geht es unter diesen Vorzeichen nicht um eine »Robotisierung« des Verkaufspersonals. Noch immer begegnen sich am Point of Sale Menschen, Technik steht also nicht im Vordergrund, sie unterstützt lediglich Beratungs-, Auswahl- und Kaufprozesse. Gegenwärtig wird vor allem auch der zeitlichen Optimierung des Kassiervorgangs große Aufmerksamkeit geschenkt, dem wir uns thematisch im nächsten Abschnitt »Mobile Kassen« nähern wollen.

Der hier im Fokus stehende Aspekt ist folgender: Händler sollten sich im Klaren darüber sein, dass sich zunehmend besser informierte Kunden im Laden befinden. Ich nenne dieses gestiegene Einkaufswissen »Shopping Literacy«. Sie verlangt ein ebenbürtiges Gegenüber.

»Digitally empowered staff«, so formuliert es das New Yorker Trendforschungsunternehmen PSFK, muss die Online-Erwartung von Kunden in eine »Offline Experience« konvertieren (vgl. PSFK 2011b, S. 3 ff.). Unser Bild von Interaktion wird sich im Zuge der Etablierung von smarten Verkaufshilfen deshalb ändern. Und zwar zum Positiven, wenn das technologische Rüstzeug des Verkäufers nicht wohlfeile Spielerei ist, sondern Mittel und Weg, den Service am Point of Sale zu optimieren.

- **Produkt-Browsing auf Augenhöhe:** »Wir-Geräte« wie das iPad werden schon heute immer häufiger erfolgreich in Beratungssituationen eingesetzt – im Einzelhandel genauso wie in Dienstleistungsbranchen und im B2B-Sektor. Der Verkäufer »verschanzt« sich nicht mehr hinter einem Bildschirm, sondern führt den Kunden gleichberechtigt durch verschiedene Anwendungsszenarien eines Produktes, erklärt Funktionen oder überlässt dem Kunden das Produkt-Browsing, um sich an wichtigen Stellen mit entsprechenden Erklärungen einzubringen. Der Berliner Community-Shop der Telekom »4010«[187] etwa nutzt einen großflächigen Touch-Monitor-Tisch für die Vorstellung von Produkten, aber auch für Download-Services für Smartphones.

- **Pre-Shopping – Einkaufsplanungshilfe für passgenaue Kundenberatung:** Geht es um komplizierte und zeitraubende Anschaffungen wie beispielsweise beim Einrichten einer neuen Wohnung oder beim Kauf eines hochwertigen Soundsystems, würde im Vorfeld ausgetauschte Information zwischen Kunde und Händler für erhebliche Erleichterung sorgen. Diesen Gedanken hatten wohl auch die Entwickler des Konzepts »IdentityMine store«[188], das in Zusammenarbeit mit den Retail-Experten von Microsoft entwickelt wurde. Auf Basis einer Applikation für das Betriebssystem Windows Phone 7 kann der Kunde seine Einkaufsliste mit dem vorhandenen Store-Sortiment abgleichen, dabei werden ihm bereits in dieser Pre-Sales-Phase konkrete Sonderangebote oder Rabatte offeriert. Außerdem ist die Kontaktaufnahme zum Verkaufspersonal jederzeit möglich, um Fragen zu stellen. Erscheint er am Point of Sale, checkt er in den Laden über die integrierte App-Funktion ein. Das Verkaufspersonal wird informiert, dass ein vorab beratener Kunde womöglich nun face-to-face kontaktiert werden muss. Über die Chatfunktion wird der Kunde angesprochen – nützlich auf großen Store-Flächen. Ähnlich funktioniert auch die Apple Instore-App: Über einen »Call Button« kann man den nächsten freien Berater »rufen«. Aber damit nicht genug: In den mit IdentityMine korrespondierenden Stores sind Touchscreens auf Basis der Microsoft Silverlight-Technologie installiert, auf die das vorab im Smartphone angelegte »Einkaufsszenario« übertragen werden kann – womit wir wieder beim oben geschilderten Produkt-Browsing angelangt sind.

- **Renaissance des produktionsgetriebenen Handels:** T-Shirts im Laden bedrucken zu lassen ist beileibe keine große Kunst mehr. Auch die Individualisierung von Massenprodukten hat sich seit Spreadshirt[189], Zazzle[190], My-Muesli[191] & Co. als einträgliches E-Commerce-Geschäftsmodell etabliert.

---

187 www.4010.com
188 www.identitymine.com
189 www.spreadshirt.de
190 www.zazzle.com
191 www.mymuesli.com

Nun findet dieses Prinzip verstärkt seinen Widerhall am Point of Sale. Der durchschlagende Erfolg des Shopkonzepts von »Build-a-Bear Workshop«[192] ist ein Beispiel dafür. Dank Computer-Terminals sind aber nicht nur Kuscheltiere individualisierbar. Der japanische Fashion-Retailer Gunze macht dies mit »BW Fit«[193] deutlich, einem Verkaufskonzept der Unterwäschenmarke »Body Wild«. In deren Stores stehen Apple-Computer bereit für die Gestaltung von Männershorts – mit Aufnähern, Stickern oder bunten Stoffbändern. Der Clou dabei: Näherinnen fertigen die individuelle Unterhose innerhalb kürzester Zeit im Hinterzimmer des Ladens. Der Einsatz von neuen Medien am Point of Sale führt so zu einer Renaissance des produktionsgetriebenen Handels. Terminals und Touchscreens erleichtern die individuelle Gestaltung von Produkten. Mass Customization am Point of Sale ist gerade auch deshalb so attraktiv, weil der letzte Schritt, die Produktion, erlebbar gemacht werden kann.

Praxistipp
Technikeinsatz am Verkaufsort

- **Nichts frustriert mehr als Technik, die nicht funktioniert und überfordert.** Lassen Sie Ihre Kunden deshalb nicht im Regen stehen, wenn sie beispielsweise eine Menüführung oder die Selbstzahlerkasse nicht verstehen. Technikeinführungen müssen immer personell begleitet werden, um Kunden etwa an neue interaktive Kiosksysteme heranzuführen.

- **Technik am Point of Sale muss Spaß machen und Mehrwert liefern.** Das gilt für Kunden wie für das Verkaufspersonal. Sie muss die Shoperfahrung bereichern.

- **Vermeiden Sie, trotz der Fülle an technischen Möglichkeiten aus Ihrem stationären Geschäft eine schlechte Version Ihrer Website zu machen.** Und reichern Sie Ihren Webauftritt nicht krampfhaft mit Abziehbildern des physischen Store-Erlebnisses an. Beide Welten – offline und online – funktionieren nach anderen Spielregeln und es liegen ihnen andere Erwartungshaltungen seitens der Kunden zugrunde.

- **Befähigen Sie Ihre Verkäufer mit Technik, ersetzen Sie sie nicht durch Technik.**

---

192 http://shop.build-a-bear.de
193 www.bodywild.com, http://youtu.be/u9yRKMF_N_s

Mobile Kassen: Warteschlangen gehören ins 20. Jahrhundert

Ohne Zweifel sollte man vor allem der Etablierung von mobilen Kassen Aufmerksamkeit schenken. Dies gilt insbesondere für frequenzstarke Warensegmente und Händler im Fashionbereich. Aber natürlich helfen sie auch, Stoßzeiten etwa zum Weihnachtsgeschäft oder bei Schlussverkäufen abzufedern.

Nicht zufällig hat der Smart-Basic-Retailer Primark ein hoch innovatives Kassensystem eingeführt, das ihn von direkten Konkurrenten wie H&M deutlich unterscheidet. Ärger darüber, sich an der falschen Schlange angestellt zu haben, kommt hier jedenfalls nicht auf. Die insgesamt 15 Kassen des Frankfurter Standorts im Nordwestzentrum sind durch ein Anstellsystem geregelt: Kunden werden durch eine Lautsprecheransage und eine Anzeigetafel an eine frei werdende Kasse geleitet. Ein effizientes, clever durchorganisiertes System. Der Kaufabschluss – mit Einreihen ganz hinten in der Schlange des Anstellsystems bis zum Verlassen des Shops – spielt sich hier in zeitlichen Dimensionen ab, die andernorts dafür aufgebracht werden, Ware zu entsichern und einzupacken.

Wer sich ein durchdekliniertes Kassensystem à la Primark nicht leisten kann und will, sollte zur Steigerung der Kundenzufriedenheit den Einsatz von mobilen Kassen in Erwägung ziehen. Sind mobile Kassensysteme in der Gastronomie schon eine Selbstverständlichkeit, geizt der stationäre Handel hier allerdings noch mit Investitionen – und das, obwohl Heerscharen von Herstellern mit IT- und Hardwarelösungen am Markt sind.

Die Basisfunktionen sind Kartenannahme zur bargeldlosen Zahlung und Ausdruck des Kassenbelegs. Aus der EHI-Befragung von Point-of-Sale-Verantwortlichen in Handelsunternehmen geht hervor, dass der Einsatz von mobilen Endgeräten mit Kassenfunktion immerhin ein mittelfristig zu klärendes Innovationsfeld zu sein scheint (vgl. EHI Retail Institute 2012b).

In der Gastronomie sind junge Unternehmen wie Orderbird[194] mit app-basierten Lösungen, neuen Preismodellen und innovativen Servicelizenzen drauf und dran, den etablierten Anbietern von Kassensystemen das Leben schwer zu machen. 400 Restaurants (Stand: Juni 2012) sind bereits Kunden des erst 2011 gegründeten Start-ups aus Berlin-Kreuzberg. Der mehrfach ausgezeichnete kanadische Kassensystemdienstleister LightSpeed[195] schreibt sich gar auf die Fahnen, das Einkaufserlebnis für die »iGeneration« neu zu erfinden. Es ist nur eine Frage der Zeit, bis vor allem kleine Händler die Vorzüge von Apple-Endgeräten am Point of Sale für sich entdecken dürften:

---

194 www.orderbird.de
195 www.lightspeedretail.com

- **Keine technischen Ungetüme:** Der Umgang mit Massengeräten wie dem iPod, iPhone oder iPad ist »Alltag«. Deren Einsatz als Kassenschnittstelle erfordert weniger Einarbeitung aufseiten des Personals.

- **Offene Systeme:** App-basierte Kassen-Software ist langfristig flexibler als ein vom Werk aufgespieltes, geschlossenes System. LightSpeed beispielsweise hält eine »Developer API« bereit, eine Entwicklerschnittstelle zur Anbindung weiterer Funktionen und Apps von Dritten an das bestehende System.

- **Verkaufshilfe:** Die mobile Handhabung von Kassen ist den neuen Endgeräten »in die DNA gelegt«. Das iPad kann gar als unterstützendes Werkzeug bei der Kundenberatung eingesetzt werden, etwa zur Visualisierung von bestimmten Produktkombinationen.

- **Kassenzettel:** Druckerhersteller wie Epson spezialisieren sich im B2B-Geschäft zunehmend auf mobile Drucklösungen. Vor allem der bargeldlose Kassiervorgang kann so überall im Store erfolgen. Neue Mobile-Payment-Lösungen wie Square werden der mobilen Kasse und dem digitalen Kassenbon Vorschub leisten.

- **Kabellose Infrastruktur:** Die Ausstattung von Handelsflächen mit WLAN kommt in Fahrt. In den USA, so eine Einschätzung der Unternehmensberatung Deloitte, bieten rund 25 Prozent der größten Retailer sogar Kunden einen Internetzugang innerhalb der Stores an.

- **Synchronisation:** Bestell- und Kassiervorgang werden mehr und mehr über gemeinsame App-Oberflächen zusammengeführt. Orderbird etwa testet bereits das Versenden von tagesaktuellen Speisekarten, über die Kunden per Smartphone Vorbestellungen abgeben können.

- **Online-Filialmanagement:** Die Kontrolle und Verwaltung von Kassenabläufen kann mit Dashboard-Funktionen theoretisch von überall her erfolgen, Internetzugang vorausgesetzt. Orderbird will künftig gar Personal- und Lagerverwaltung als Service-Feature integrieren.

- **Sicherheit:** Die Verschlüsselungstechnik wird ausgereifter.

6. Kunden verstehen

In diesem Kapitel wollen wir uns der Frage nähern, wie Händler und Dienstleister mit Kundenmeinungen auf Online-Plattformen umgehen und wo sie bereits positiv auf das eigene Geschäft Einfluss nehmen. In Kapitel 3/F-Commerce konnten Sie bereits mehr zum spezifischen Einfluss von Facebook lesen. Ganz allgemein sind Gespräche, Meinungen, Kritik und Lob die wichtigsten Anhaltspunkte, um Ihre Kunden besser zu verstehen und mit entsprechenden Angeboten auf sie zu reagieren. Ein offenes Ohr an den Plauderplattformen des Internets ist demnach immer auch ein Stück »selbst betriebene« Marktforschung.

Social-Media-Monitoring: Die Filiale im Gespräch

Fotos und Kommentare über Geschäfte, Veranstaltungen oder Restaurants werden von Kunden und Gästen mit Smartphones im Anschlag fast beiläufig in diversen sozialen Netzwerken, auf Fotosharing-Diensten wie Instagram (jetzt zu Facebook gehörend) oder bei der Nutzung von Location-based Services wie Foursquare hinterlassen.

Diese nutzergenerierten Inhalte, auch »Stream of Content« genannt, sind jedoch ab einer gewissen Menge für das betroffene Unternehmen höchst relevant. Sind sie doch wichtige Bewertungskriterien für das digitale Abbild des Unternehmens im Netz – und letztlich empfehlungsrelevante, im schlimmsten Falle leider auch rufschädigende Daten.

Schon immer war gerade der Handel gefordert, wenn es darum ging, etwa Lebensmittelskandale abzufangen. Heute stehen auch die Themen Mitarbeiter und Arbeitgeberimage hoch auf der Agenda der PR-Verantwortlichen. Auch eine Katastrophe wie das Schiffsunglück der Costa Concordia kann eine PR-Abteilung herausfordern. Die Touristiktochter der Edeka Südwest beispielsweise hatte das Kreuzfahrtschiff als familienfreundliches Angebot auf einem Prospekttitel.

Mit den herkömmlichen PR-Mitteln ist die Kommunikation von Unternehmenswerten und eine schnelle Reaktion auf mediale Empörung nicht mehr allein zu bewerkstelligen. Social Media im Dienste der Public Relations gewinnen angesichts der Dominanz des Social Network Facebook gerade auch für den deutschen Einzelhandel erheblich an Bedeutung. Der »EHI PR-Monitor 2012« legte hier unlängst allerdings eine Diskrepanz bei der Wahl der PR-Instrumente offen.

Noch immer wird von den PR-Verantwortlichen im Handel Print als wichtigster Kommunikationskanal bewertet (93 %). Facebook findet mit lediglich 28 Prozent bescheidene Akzeptanz. Die eigene Homepage, also die Webpräsenz nicht innerhalb von sozialen Netzwerken, wird als zweitwichtigster Kanal angesehen (vgl. EHI Retail Institute 2012a).

Dabei gilt es heute mehr denn je, schnell auf mögliche Imageverluste zu reagieren. Info-Viren verbreiten sich in Windeseile über soziale Netzwerke und erreichen damit mittlerweile ein großes Publikum. Ein über Social Media losgetretener »Shitstorm« schafft es mitunter gar, in den klassischen Medien aufgegriffen zu werden:

- **Blitzableiter im Netz:** Ein professionell moderierter Facebook-Auftritt ist hier ein Blitzableiter von unschätzbarem Wert. Dies bewies beispielsweise der Finanzdienstleister ING-DiBa. Ein relativ harmloser Werbespot, der Dirk Nowitzki zu Besuch in seiner heimatlichen Metzgerei zeigt, erregte die Gemüter zahlreicher Facebook-Nutzer. Binnen kürzester Zeit wurden 1.400 Einträge mit über 15.000 Kommentaren auf die unternehmenseigene Facebook-Präsenz gepostet. Empört hatten sich vor allem Vegetarier, die diesen Werbespot, in dem die Fachverkäuferin ihrem Ex-Kunden liebevoll ein Stück Wurst rüberreicht, ob seiner subversiven Pro-Fleisch-Note anprangerten. Endlose Diskussionen über vegane Lebensweise und Ernährung waren die Folge. Von »Wurstkrieg« und »Vegetarier-Attacken« war bald darauf in den Tages- und Wirtschaftszeitungen zu lesen. ING-DiBa aber hielt dank eines geschickten und ausdauernden Community-Managements durch. Die Direktbank erntete mindestens genauso viel »Daumen-hoch«-Beifall wie anfängliche Kritik als sie dem Protesttreiben mit Hinweis auf den eigentlichen Zweck des Facebook-Auftritts – Information über Finanzprodukte und Service für Kunden – sensibel einen Riegel vorschub.

Vor allem die Konsumgüterindustrie setzt auf Social Media Monitoring, um die Relevanz von Marken in sozialen Netzwerken zu bewerten, aber auch um mögliche Unzufriedenheit seitens der Kunden frühzeitig zu identifizieren. Empörungswellen kann nur dann sinnvoll der Wind aus den Segeln genommen werden, wenn PR- und Marketing-Verantwortliche die Qualität und Quantität der Gespräche im Netz nachvollziehen können. Dienstleister in diesem Umfeld gibt es zuhauf. Sie sind vor allem für große Handelsketten interessant. Einige Beispiele:

- Der Mess-Spezialist für Medialeistung Ebiquity[196] bietet im Rahmen seines Online-Pakets vor allem für die werbungtreibende Industrie ein Social Media Monitoring, das in Echtzeit 60.000 Medien und 3 Millionen Social-Media-Kanäle – von Blogs bis Newsgroups – ausliest.

---

196 www.ebiquity.com

- AllFacebook Stats[197] ermöglicht die Beobachtung von bis zu 75 Facebook-Seiten in einem Account. Praktisch ist die Gruppenfunktion, die es ermöglicht, bestimmte Seiten zusammenzufassen. Neben der quantitativen Auswertung (Zahl der Likes und Freunde) stellt die Plattform auch Informationen zur Viralität der Mitglieder bereit und fasst Orte zusammen, an denen Check-ins vorgenommen wurden. Letztere Daten sind insbesondere für Einzelhandelsketten höchst relevant. Der Analysezeitraum ist in der Gratisversion auf 30 Tage beschränkt. Die kostenpflichtigen Versionen liefern entsprechend mehr Einstellungen.
- Socialbakers[198] offeriert eine Monitoring-Suite unter dem Namen Analytics Pro. Vorteil hier ist die statistische Erfassung sowohl von Facebook-Seiten als auch von Twitter-Accounts. Das Preismodell ist nach der Menge der Accounts gestaffelt. Außerdem muss man für Konkurrenzanalysen entsprechend mehr auf den Tisch legen.
- Weitere Dienstleister heißen Cotweet[199] oder Netvibes[200].
- Interessant sind auch kombinierte Monitoring-Dienste, die sowohl beobachten als auch interagieren helfen. VenueSeen[201] ist einer unter ihnen.

Praxistipp
Der richtige Umgang mit Kritik, Bewertungen und Kundenmeinungen

Können Sie nicht auf externe Dienstleister und entsprechendes Reporting zur digitalen Mundpropaganda zurückgreifen, sollten Sie im Mindesten wöchentlich die wichtigsten lokalen Bewertungsplattformen (Qype, Google Maps) und branchenrelevanten Bewertungsseiten nach neuen Kundenmeinungen und Kommentaren überprüfen.

Negative Kundenmeinungen: Die positive Nachricht ist: Nur eine Minderheit der Shopper verbreitet schlechte Erfahrungen im stationären Einzelhandel tatsächlich über das Netz. Aber wie heißt es so schön? »Eine Beschwerde ist ein Geschenk.« Nutzen Sie deshalb die zahlreichen Meinungen und Kommentare, die über Ihr Geschäft auf einschlägigen, reichweitenstarken Plattformen wie der lokalen Bewertungsplattform Qype oder Google Maps zu finden sind. Optimieren Sie Ihren Service und lernen Sie von unzufriedenen Kunden. Gehen Sie – wenn nötig und möglich – aktiv auf negative Beurteilungen ein. Lokale Bewertungsplattformen und vertikale Suchmaschinen wie werkstattcheck.de bieten gelisteten Unternehmen an, sich als authentifizierter Location-Betreiber zu Wort zu melden. Sind Sie Händler mit Leidenschaft, wollen Sie es nicht auf sich sitzen lassen und »entschädigen« schlechte Erfahrungen Ihrer Kunden mit Aufmerksamkeit und »kleinen Aufmerksamkeiten«.

---

197 www.allfacebookstats.com
198 www.socialbakers.com
199 www.cotweet.com
200 www.netvibes.com
201 www.venueseen.com

Beschwerdemanagement: Oft laufen Kundenmeinungen, Serviceanfragen und tatsächliche Beschwerden auf einer Facebook-Seite zusammen. Noch dazu platziert der Händler selbst seine Informationen und Botschaften in diesem Kanal. Eine Trennung der Online-Kanäle nach Anlass und konkretem Zweck ist vor allem auf hochfrequentierten Seiten sinnvoll. Idealerweise kümmern sich auch separate Teams (etwa Marketing auf der einen, Kundendienst auf der anderen) um die Betreuung der jeweiligen Auftritte. Der Online-Modeversender ASOS beispielsweise hat in Facebook seinen Service-Kanal[202] vom generellen Markenauftritt[203] getrennt und verweist unmissverständlich auf diese Trennung.

Reaktionszeit: Facebook wird vor allem morgens und abends stark genutzt. Das ist natürlich ein Problem für Unternehmen und ein gefundenes Fressen für Gewerkschaften und Betriebsräte. Denn wie können Sie insbesondere akute Anfragen auch außerhalb der Arbeitszeit abfangen? Im Zweifel ist der Blick in die sozialen Netzwerke also Chefsache! Dennoch können Sie natürlich ganz ehrlich sein und an entsprechender Stelle darauf hinweisen, dass auch ein Händler und seine Angestellten sich auf den Feierabend freuen.

Customer driven Marketing: Von der neuen Kundensouveränität profitieren

Kaufentscheidungen werden heute schon maßgeblich über digitale Mundpropaganda in sozialen Netzwerken und auf lokalen Bewertungsplattformen wie Qype beeinflusst. Die Studie der GfK »Die Demokratisierung der Markenführung« in Zusammenarbeit mit der Werbeagentur Serviceplan zeigt zudem: Produkte und Kampagnen sind dann besonders erfolgreich, wenn sie mit Kunden gemeinsam entworfen werden. Autoritäre Markenbotschaften haben es auf den Plauder-Plattformen des Internets ohnehin schwer.

Einer Studie der Economist Intelligence Unit (EIU) zufolge werden im Jahre 2020 die meisten Ideen für Produkte und Dienstleistungen von Kunden stammen. Die in der Studie »Agent of change: The future of technology disruption in business« befragten Führungskräfte meinen gar, dass Kunden in absehbarer Zukunft ebenso wichtig sind wie Mitarbeiter, wenn es um die Optimierung von Geschäftsprozessen geht (vgl. Watson 2012). Was die Wirtschaftsanalysten vor allem für Industrie, Dienstleistung und Verwaltung herausgefunden haben, gilt auch für den Laden um die Ecke.

---

202 www.facebook.com/ASOSHeretoHelp
203 www.facebook.com/ASOS

Tchibo führt mittlerweile eine Produktreihe, die von Kunden selbst entwickelt wurde. Über die Crowdsourcing-Plattform Tchibo Ideas[204] haben Fans des Kaffeerösters mehrere Tausend Vorschläge eingereicht. Zu den ersten Werken der Erika-Mustermann-Designprodukte gehörte ein praktisches Schneidbrett mit Auffangschale (12,99 Euro), im August 2009 kam ein wasserdichter Fahrradsattelbezug aus Nylon (10 Euro) in die Geschäfte, es folgte die kindersichere Klobürste usw. Zahlreiche Prototypen haben es mittlerweile in die Serienproduktion geschafft. Was als 2.0-Kundenbindungsaktion begann, ist mittlerweile ein Vorzeigeprojekt der gesamten Handelsbranche. Denn die über 10.000 Mitglieder starke Tchibo-Plattform entwickelt sich immer mehr zur Ratgeber-Community, die hilft, Alltagsprobleme in den Griff zu bekommen. Es wäre nicht das erste Mal, dass sich der Kaffeeröster neu erfindet. Auch die dm-Drogeriemarktkette und der Schuhhändler Görtz haben schon Crowdsourcing-Projekte angeschoben. Dabei griffen sie auf die Plattform »unserAller«[205] zurück.

Nähe zum Kunden ist bei IKEA nicht nur sprachlich angelegt. Der Umgang mit den »Du«-Kunden ist nahezu perfekt. Von Facebook, YouTube & Co. lässt IKEA Deutschland allerdings die Finger. Auch beim Employer-Branding hält der Möbelriese alle Fäden über seine Website fest in der eigenen Hand. IKEA lässt (bis jetzt) aber auch zahlreichen inoffiziellen »Fan«-Seiten in Facebook freien Lauf und kündigt schon einmal einem Mitarbeiter in hoher Funktion, wenn der, wie es in der Pressemitteilung vom 22. November 2011 heißt, »in Facebook Meinungen und Einstellungen geäußert hat, die mit unseren Werten in keinster Weise vereinbar sind«.

Eine Social-Media-Strategie verfolgt der Möbelriese zweifelsohne: Der Konzern beobachtet diverse Einrichtungsblogs, integriert Blogger in die Pressearbeit und greift Kritik konstruktiv auf. »Es wird viel über IKEA und die Produkte von IKEA diskutiert. Wir nutzen diese Möglichkeit, indem wir die Meinungen sammeln und an die Produktentwicklung weitergeben«, so Pressesprecher Ylva Magnusson im *Svenska Dagbladet*.

Selbst eine Guerilla-Aktion, bei der in einem Store im US-amerikanischen Burbank bei Los Angeles ohne das Wissen von IKEA eine Soap gedreht wurde, machte sich das Unternehmen zunutze: Anstatt die weiteren Drehs zu verbieten, wurde das positive, aufgeschlossene Image durch die virale Verbreitung der Comedy-Soap »IKEA Heights«[206] im Internet noch verstärkt. Die *Los Angeles Times* schätzte die eingesparten Viral-Marketing- und Drehkosten für IKEA auf 50.000 US-Dollar. »Ich finde die Videos ganz witzig und denke, man schmeichelt der Marke IKEA«, sagte Mona Astra Liss, PR-Verantwortliche der betreffenden Filiale.

---

204 www.tchibo-ideas.de
205 www.unseraller.de
206 www.IKEAheights.com

Überredungsmarketing war gestern. Längst müssen Hersteller und Händler ein Stück ihrer Autorität an den Kunden abgeben – idealerweise gewinnbringend.

Bricks & Clicks Innovation
»Das Teil find ich voll sü-ü-ß«: Nutzergeneriertes Marketing für den Point of Sale

In sogenannten Haul-Videos, privaten YouTube-Videos, schildern meist jüngere weibliche Personen charmant und authentisch ihre Beutezüge bei Primark, H&M & Co. Hunderttausende Abrufe machen diese selbst ernannten Testimonials zu Shopping-Helden, an denen sich nicht wenige beim nächsten Einkauf orientieren. Die englische Vokabel »haul« bedeutet so viel wie Fang oder Ausbeute.
Ein wichtiges Prinzip des internetbasierten Social Commerce (vgl. Haderlein/ Krisch 2008) ist hier übertragen auf den tatsächlichen Einkauf am Point of Sale: Nutzer empfehlen Freunden über die Kontaktverzweigungen in sozialen Netzwerken und auf Social-Media-Plattformen Produkte. »Verkaufen lassen« ist hier die unfreiwillige, aber durchaus gewinnbringende Devise des unbeteiligten Händlers.
Kein E-Commerce-Unternehmen hat es bisher besser verstanden, die virale Kraft der sozialen Netzwerke als Basis eines Geschäftsmodells im Fashion-Bereich zu nutzen als der Social-Commerce-Pionier Polyvore[207]. Sind es hier die sogenannten »Style-Sets«, in denen meist weibliche User anderen vorschwärmen und zeigen, was man gerne im Kleiderschrank hätte, sind es bei den Haul-Videos Erlebnisberichte von Shopping-Touren. Eine neue Mischung aus Teleshopping und nutzergenerierter Produkt- und Händlerbewertung, dessen Akzeptanz nur allzu deutlich an den Zugriffszahlen abgelesen werden kann.

Noch stehen die meisten Händler am Anfang des Dialogs mit den Kunden. Mit zunehmender Penetration von sozialen Netzwerken und Bewertungsdiensten im Internet wird aber deutlich werden, dass Kundenmeinungen in all ihren Ausformungen – ob als Text, Video oder symbolische Kennzeichnung durch Sternchen oder Facebook-Daumen – ein kraftvolles Marketingtool sind.

---

207 www.polyvore.com

7. Mitarbeiter gewinnen und motivieren

Mit der Ausrichtung auf »Bricks & Clicks« geht immer auch eine Veränderung der Unternehmenskultur einher. Die Distanz zwischen Kunden und Verkaufskräften nimmt mit Plattformen wie Facebook ab – mit allen Vor- und Nachteilen für die Abwicklung von Transaktionen.

Aber auch Veränderungen bei der internen Kommunikation, die zwangsläufig mit der Etablierung neuer Kommunikationsplattformen einhergehen, und eine zeitgemäße Positionierung als attraktiver Arbeitgeber müssen Beachtung finden. Was die Vertreter der »Generation Facebook« antreibt, ist ein Idealismus der Kommunikation und der Kooperation. Handelsunternehmen sind gut beraten, diese neue Netzwerkmentalität zum kreativen Unternehmenskarma zu machen. Neue Nähe zum Kunden heißt eben auch neue Nähe zu Mitarbeitern – und vor allem: Nähe aushalten.

Recruiting & Employer Branding: Der Einzelhandel auf Nachwuchssuche im Web 2.0

Qualifizierten Nachwuchs zu finden ist hierzulande nicht nur ein Problem der IT-Branche und des Ingenieurwesens. Auch im Einzelhandel wird die Recruiting-Debatte lauter geführt. Angesichts des Imageverlusts der Banken und der kriselnden Autobranche mausert sich der Einzelhandel derzeit gar zum Job-Motor. Alleine bei Edeka sind rund 18.000 Auszubildende beschäftigt. Der »Top-Arbeitgeber 2011« Rewe startete Ende letzten Jahres eine groß angelegte Recruiting-Kampagne und verpasste seinen Karriereseiten einen Neuanstrich. Die Handelskonzerne investieren folglich vehement in die Anwerbung von Mitarbeitern und die Weiterbildung des Verkaufs- und Führungspersonals. Auch hier muss multikanalig gedacht werden.

Denn nicht nur Bewerber sind heute aufgrund von Personensuchmaschinen, Google, Facebook-Profilen und YouTube-Videos gläserner als je zuvor, sondern auch Arbeitgeber. Die Arbeitgeberbewertungsplattform Kununu[208] beispielsweise bringt ehemalige und aktuelle Mitarbeiter von Unternehmen dazu, ihren Arbeitgeber zu bewerten. Aus den aggregierten Meinungen entsteht ein

---

208 www.kununu.com

übersichtliches Bild zum Stil des Arbeitgebers, gewichtet nach Wohlfühlfaktor, Karrierefaktor, Benefits und Bewerbungsprozess. Handelskonzerne sind im Vergleich zu Herstellern noch gering vertreten. Über 140 Bewertungen hat etwa die Netto Marken-Discount AG & Co. KG. Von 5 erreichbaren Bewertungspunkten erhält sie 1,86 Punkte – ein Wert im unteren Bereich. Ganz anders die Otto Group, die mit 3,75 Bewertungspunkten im obersten Drittel der Skala rangiert. Saturn Deutschland kommt auf rund 60 Bewertungen bei 2,49 Punkten (Stand: Juni 2012).

Kununu ist aber kein Pranger, im Gegenteil. Arbeitgeber können über die Plattform mit potenziellen Bewerbern in Kontakt treten und bekommen wichtiges Feedback an die Hand – Kommentare und Bewertungen, die keine Hochglanzbroschüre oder aufwendig gestaltete Karriereseite jemals hervorrufen würde.

Das Internet hat unsere kommunikativen Landschaften umgekrempelt – und damit auch den Arbeitsmarkt und die Praxis der Personalbeschaffung. Der Wettstreit um qualifizierte Arbeitskräfte beginnt heute zweifelsohne im Netz. Kununu-ähnliche Arbeitgeberbewertungsportale sind Companize[209], meinChef.de[210], Kelzen[211] oder JOBvoting.de[212].

Praxistipp
Drei Gründe, wieso Arbeitgeberbewertungsportale keine Eintagsfliegen sind:

1. **Sie spielen eine wichtige Rolle in Suchergebnissen:** Suchen Sie zum Beispiel Ihren Firmennamen in Verbindung mit dem Begriff »Arbeitgeber«. Nicht selten finden sich Bewertungsportale unter den Top 5 des organischen Suchindexes von Google. So erhalten Sie auch Anhaltspunkte, wie Sie Ihre eigenen Karriereseiten besser für Suchmaschinen optimieren können. Die Suche nach Arbeitgeberinformation startet heute zuvorderst im Google-Schlitz.

2. **Sie sind elementarer Bestandteil der Netzgesellschaft:** Unternehmenskultur und Führungsstil müssen sich heute genauso an öffentlichen Kommentaren von Betroffenen (oder Begeisterten) messen lassen wie die Kompetenz von Ärzten, die Servicequalität von Einzelhändlern, das Flair eines Hotels oder die Küche eines gastronomischen Betriebs. Reagieren Sie deshalb mit der nötigen Weitsicht auf Kritik. Schönfärberei fliegt über kurz oder lang auf.

---

209 www.companize.com
210 www.meinchef.de
211 www.kelzen.com
212 www.jobvoting.de

3. **Sie bauen auf Kooperationen mit Arbeitgebern, denn das ist Teil des Geschäftsmodells:** Firmen, die ein Profil in Kununu anlegen (ab 190 Euro monatlich) können ein Großteil ihrer Recruiting-Kommunikation auch über Kununu streuen. Dies tut beispielsweise die österreichische Hofer KG, Teil der Unternehmensgruppe Aldi Süd. Aber auch soziale Netzwerke zählen zu den Partnern der Bewertungsportale. Denn sie sind ein wichtiges Rädchen bei Social-Media-Anstrengungen für den Employer Brand. Das Business-Netzwerk XING beispielsweise bildet die Bewertungen von Kununu auch in den sogenannten »Unternehmensprofilen« ab.

Laut der Arbeitgeberbefragung »Recruiting Trends im Mittelstand 2012«, in der jährlich die 1.000 größten deutschen Unternehmen zu aktuellen Trends im Personalmanagement befragt werden, werden über Internetkanäle bereits die meisten Vakanzen ausgeschrieben und besetzt. Gut die Hälfte der Unternehmen geben an, Social Media erhöhe die Leistungsfähigkeit ihrer Recruiter (vgl. Eckhard u.a. 2012).

Noch stecken die Bemühungen auf sogenannten Karriere-Fanseiten in Facebook in den Kinderschuhen. Und auch der Personalmarketing-Experte Henner Knabenreich[213] wird nicht müde, die halb garen und schmallippigen HR-Bemühungen im Internet kritisch zu hinterfragen. Viele Unternehmen haben aber erkannt, dass die Arbeitgebermarke in allen neuen zur Verfügung stehenden Kanälen gepflegt werden muss. Employer Branding heißt künftig vor allem mehr Dialog.

- **Web first bei der Personalmarketing-Strategie:** Die Otto Group hat erkannt, dass die Aufmerksamkeit der Nachwuchstalente nicht mehr allein über die klassischen Printkanäle zu gewinnen ist. Bereits im Jahr 2009 hat der Handelskonzern sich beim Recruiting stark auf seine Web-2.0-Aktivitäten konzentriert und im Gegenzug die Maßnahmen über Print-Stellenanzeigen deutlich zurückgefahren. Der Einsatz von Social Media wie Twitter[214], Facebook[215] und die regelmäßigen Videobotschaften aus dem eigenen YouTube-Kanal[216] sind bei der Personalgewinnung mittlerweile selbstverständlich. Otto hat damit der bisherigen Einbahnstraßen-Kommunikation beim Bewerbungsprozess ein Ende gemacht. Die von Otto schon recht früh eingesetzten Employer-Branding-Kanäle sind heute Standard bei nahezu allen großen Handelskonzernen.

---

213 http://personalmarketing2null.wordpress.com
214 www.twitter.com/otto_jobs
215 www.facebook.com/ottogroupkarriere
216 www.youtube.com/OttoGroupKarriere

Social Business: Wie Sie Ihre Verkaufsmannschaft gemeinsam am Erfolg werkeln lassen

IT und Prozessoptimierungs-Software sind sicherlich auf einer ganz rationalen Ebene das Mittel der Produktivitätssteigerung schlechthin. Der Erfolg von SAP, IBM und Co. liegt genau hier begründet. Spezialisten wie WorkPlace[217] konzentrieren sich mit ihren IT-Lösungen auf sogenannte Workforce-Management-Lösungen (WFM), um etwa Arbeitskosten zu senken, das Store-Management zu optimieren oder Warteschlangen in Supermärkten zu reduzieren.

Immer stärker wird aber auch versucht, die *Weisheit der Vielen* (vgl. Surowiecki 2005) zu nutzen. Mit dem schillernden Begriff »Crowdsourcing« ist die Auslagerung von Ideenarbeit an eine relativ große Zahl von Menschen gemeint, die nicht zwangsläufig Experten des betreffenden Metiers sein müssen:

- Der österreichische Lebensmitteleinzelhändler Spar versuchte bereits in einem Design-Wettbewerb für Einkaufstüten[218], eine passionierte Online-Gemeinschaft aufzubauen. Über 5.000 Ideen und zehnmal so viele Bewertungen waren die Folge.

- Tchibo Ideas ist gar die Vorzeige-Plattform, wenn es darum geht, das Prinzip Crowdsourcing zu beschreiben. Hier entwerfen Kunden Produkte, die bei entsprechender Zustimmung der Online-Gemeinschaft im Tchibo-Sortiment landen (siehe Kapitel 6/Customer driven Marketing).

Aus Marktforschung kann auch Zukunftsforschung werden. Etwa durch webbasierte »Prognosemärkte«, die auf die kollektive Intelligenz der gesamten Belegschaft oder eines ausgewählten Kundenkreises setzen. Sie werden vor allem von Konzernen wie Google eingesetzt, aber auch schon von Handelsunternehmen:

- Der US-amerikanische Elektronikfachhändler Best Buy nutzte »Prediction Markets« bereits, um das IT-Budget für das Folgejahr zu bestimmen helfen.

- Zahlreiche Dienstleister sind mittlerweile mit der Durchführung von Prognosemärkten, Crowdsourcing oder Ideenmanagement-Lösungen beschäftigt. Sie helfen etwa bei Planungsprozessen, bei der Trendforschung, in Angelegenheiten des Risikomanagements oder bei der Aktivierung von Mitarbeitern und Kunden. In Deutschland wurde im September 2011 gar der Deutsche Crowdsourcing Verband e.V.[219] gegründet.

---

217 www.workplacesystems.com
218 www.bagdesign-contest.com
219 www.crowdsourcingverband.de

Social Media sind also nicht nur ein veritables Werkzeug, um die Arbeitgebermarke mit Facebook-Karriereseiten oder über YouTube-Videos in einem zeitgemäßen Licht erscheinen zu lassen und potenzielle Mitarbeiter für die Arbeit im Einzelhandel zu begeistern. Eine wichtige Aufgabe des Handelsmarketings »nach innen« wird künftig sein, das Verkaufspersonal effizient und inspirativ zu vernetzen. Konkret heißt das, die kommunikativen und interpersonalen Beziehungen der Mitarbeiter untereinander sollten über eine attraktive Online-Plattform abgebildet werden, welche die unternehmerischen Ziele einer Franchise-Marke oder Handelskette fest im Auge hat.

Noch spielt das Internet für Verkaufsschulungen eine marginale Rolle. In Sachen Weiterbildung ist laut einer Erhebung von BBE Retail Experts Training-on-the-Job immer noch die erste Wahl. 75 Prozent der Handelsunternehmen geben an, Mitarbeiter durch Lernen am Arbeitsplatz fortzubilden, gefolgt von persönlichem Coaching (65 %), Herstellerschulungen (61 %) sowie externen und internen Seminaren (51 beziehungsweise 46 %). Dem E-Learning und Fernstudium werden im Handel noch eine geringe Bedeutung zugemessen (11 %).

Dies könnte sich allerdings bald ändern. Denn die »Generation Facebook« steht nicht nur vor der Tür, sie ist längst in den Unternehmen – mit anderen Ansprüchen an die interne Unternehmenskommunikation und neuen Vorstellungen von Zusammenarbeit und Austausch mit Kollegen und Vorgesetzten. IBM ist mittlerweile mit mehr als einem Fuß im sogenannten »Enterprise 2.0«-Geschäft. Die Social Software »IBM Connections« ist bereits bei zahlreichen Kunden implementiert. Sie, so das Versprechen des IT-Riesen, soll Unternehmen dabei helfen »innovativer zu sein und Aufgaben schneller zu erledigen, indem (...) dynamische Netze von Kollegen, Partnern und Kunden«[220] genutzt werden. Microsoft wittert ebenfalls einen Zukunftsmarkt und hat im Sommer 2012 das Unternehmen Yammer[221] aufgekauft – für sage und schreibe 1,2 Milliarden Euro. Yammer hat sich darauf spezialisiert, Social Media in internen Unternehmensnetzwerken anzuwenden.

Wie klug, innovativ und zukunftsfähig ein Unternehmen in der Kreativ-Ökonomie des 21. Jahrhunderts sein wird, hängt entscheidend davon ab, wie frei das Wissen zirkulieren und der kommunikative Austausch stattfinden darf. Wie die Berater der Nielsen Norman Group[222] in ihrer jährlichen Intranetuntersuchung herausgefunden haben, erkennen immer mehr Unternehmen diese Problematik. Einige von ihnen passen ihre internen Kommunikationsstrukturen den modernen Wissens- und Kommunikationsbedürfnissen ihrer Mitarbeiter an. Ein Trend zeichnete sich besonders deutlich ab: 30 Prozent der untersuchten Unternehmen statten ihre Intranets inzwischen mit speziellen Web-2.0-Tools aus. Soziale Netzwerkfunktionen wie Diskussions- und Profilseiten, Social-Bookmarking-Funktionen, Bewertungsmöglichkeiten und Weblogs, zu denen die Mitarbeiter

---

220 www.ibm.com/software/de/lotus/wdocs/connection/

221 www.yammer.com

222 www.nngroup.com

Inhalte beisteuern können, sind unter den Top-10-Unternehmen bereits selbstverständlich.

Bislang waren die Intranets in Unternehmen eher auf Einbahnstraßen-Kommunikation ausgerichtet, für die Mitarbeiter bestand kaum die Möglichkeit, ihr Wissen beizusteuern. Immer mehr Unternehmen ermöglichen ihren Mitarbeitern durch spezielle mobile Funktionen sogar den Überall-und-jederzeit-Zugriff auf das firmeninterne Wissensnetz – Tendenz steigend. Donald Tapscott, Internetexperte und Autor des Buchs *Wikinomics*, fasst den bevorstehenden Wandel im Kommunikationsverhalten wie folgt zusammen: »Wir müssen über die E-Mails hinwegkommen – in Richtung Social Networks, Wikis, Blogs und kollaborative Filtertechniken.« (vgl. Tapscott/Williams 2007)

Das italienische Unternehmen Logotel[223] ist ein Pionier auf dem Gebiet des »Enterprise 2.0«. Lange vor dem Siegeszug des Web 2.0 entwickelte das Unternehmen webgestützte Vertriebssteuerungsplattformen für namhafte Konzerne wie den Stromversorger Enel oder die Telecom Italia Mobile (TIM).

In diesen »Business Community Networks« stehen der befruchtende Austausch und der Dialog zwischen den Mitarbeitern – Führungskräfte gleichermaßen wie Verkaufsangestellte – im Vordergrund. Aber natürlich sind sie auch ideale Kanäle, um Shopbetreiber über aktuelle PoS-Werbematerialien zu informieren, Mitarbeitern Trainingsangebote in Webinar-Formaten anzubieten oder zu einem Ideenwettbewerb aufzurufen. Ein Beispiel:

Die virtuelle Unternehmensstadt »My Village«[224] ist eine von Logotel konzipierte Kollaborationsplattform für den größten italienischen Stromversorger Enel. Sie wird derzeit von über 3200 Vertriebsangestellten in Anspruch genommen – zu Schulungs- und Informationszwecken, aber auch um sich informell auszutauschen. Kurz nach dem Start im Jahre 2008 wurde die Business Community, die mit rund 1000 Beteiligten begann, von Mitarbeitern und der Unternehmensführung zum besten Enel-Projekt gekürt. Entscheidender Hebel zur Aktivierung der Community ist hier ein spielerischer Ansatz. Gewöhnliche Intranet-Plattformen sind oftmals allzu sachlich ausgerichtet. Eigens von Logotel geschulte Community Manager motivieren die Nutzer, auf Basis eines gesunden Wettbewerbs Informationen, Verkaufspraktiken und Consumer Insights zu teilen.

Die Verantwortlichen sollten sich also im Klaren darüber sein, welchen Zweck Social Media im Sinne der Unternehmensziele erfüllen sollen. Asynchrone (etwa E-Mails) und synchrone Kommunikationskanäle wie Chat, teils auch Microblogging und Statusmeldungen müssen auf die jeweiligen Inhalte abgestimmt sein. Und bei allem sollte man sich fragen: Ist das Intranet eine Qualifizierungsplattform, eine kollaborative Innovationsschmiede oder – auch das kann zur Unternehmenskultur passen – nur die Verlängerung des Flurfunks

---

223 www.logotel.it
224 www.my-village.it

in den digitalen Raum? Klar ist auch: Kollaborative Netzwerke und Plattformen zum Mitarbeiteraustausch passen nicht zu jeder Unternehmenskultur. Sie sind heute noch rar gesät.

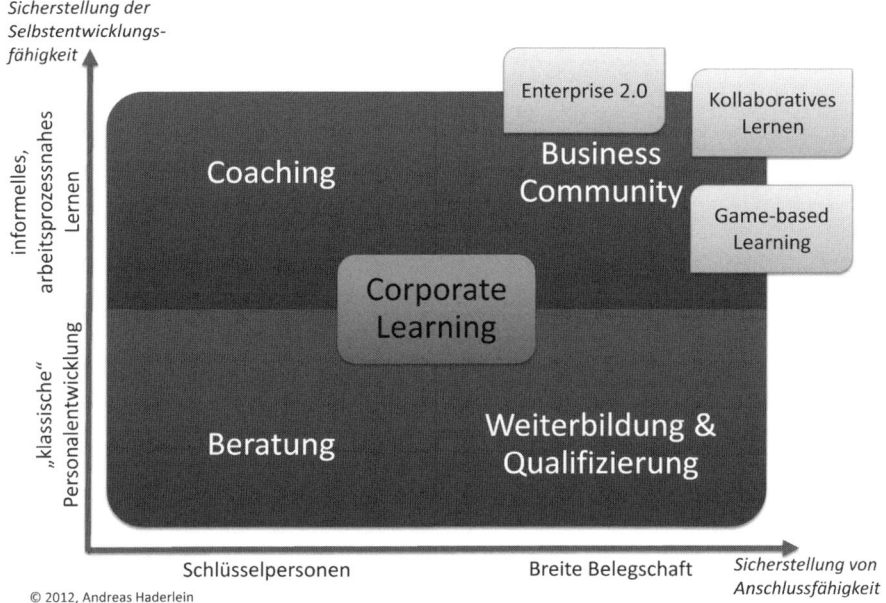

Abb. 9 »Generation Facebook« und der Know-how-Transfer im Handel der Zukunft

Retail-Unternehmen müssen sich künftig stärker der Frage zuwenden, wie sie den gewinnbringenden Austausch zwischen Verkäufern, das heißt innerhalb der Verkaufsmannschaft, fördern können. Die Steigerung der Sales Performance ist insbesondere vor dem Hintergrund der Nutzungsmöglichkeiten digitaler Medien eine Frage des Community Managements. Mit web-gestützten Plattformen können hier überregionale, gar internationale Synergien geschaffen werden, etwa durch eine stärkere Vernetzung von Franchisepartnern.

Praxistipp
So bauen Sie eine erfolgreiche Business Community auf

- Favorisieren Sie Stand-alone-Lösungen (zum Beispiel www.my-village.it), statt Community-Modelle im Intranet zu »begraben«.

- Setzen Sie auf spielerische Animationen und Storytelling (Stadt-Metapher), um die Beteiligungshemmschwelle zu senken.

- Stellen Sie zuerst nur attraktive Leseangebote bereit und fordern Sie nicht krampfhaft Beteiligung ein.

- Externe Informationen (zum Beispiel Branchen-News) sollten adäquat gefiltert und kontextualisiert in die Plattform einfließen.

- Stimulieren Sie die Nutzer jeden Tag mit neuen Inhalten (User-inspired statt User-generated).

- Beschränken Sie den Selbstdarstellungsraum innerhalb der Nutzerprofile, aber machen Sie den Aktivitätslevel eines Nutzers deutlich.

- Stellen Sie hauptberufliche Community Manager ein, die sowohl ein ausgeprägtes technisches Verständnis für Web 2.0 haben als auch soziale Kompetenzen und Empathiefähigkeit an den Tag legen.

- Gewährleisten Sie eine professionelle didaktische Aufbereitung der Schulungsmaterialien inklusive Zertifizierung der Qualifikation und Offline-Workshops.

- Ermöglichen Sie die mobile Nutzung der Plattform: zum Beispiel durch einen SMS-Benachrichtigungsservice, in jedem Falle aber durch eine für mobile Endgeräte optimierte Darstellung.

- Stärken Sie die Community informell und schaffen Sie Freiraum für »Privates« jenseits berufsbezogener Themen.

- Bauen Sie auf ein sorgfältiges Reporting und Monitoring der Ergebnisse der Community (zum Beispiel Zahl der durchgeführten Trainingsprogramme). Definieren Sie vorab Leistungskennzahlen.

- Blended Learning: Versuchen Sie, die Community-Dynamik in den realen Raum zu transferieren (zum Beispiel durch Präsenzseminare und Mitarbeiter-Incentives).

8. Zehn Goldene Regeln des Multi-Channeling

1. **Ihr Internetauftritt ist mehr als eine Visitenkarte:** Er ist der erste Touchpoint zum Kunden und gleichermaßen Raum für Service wie für Kommunikation.

2. **Kommunikation vor Vertrieb:** Verinnerlichen Sie zuerst das Einmaleins des Internetdialogs, dann fallen der Aufbau und die Bewerbung eines Online-Shops umso leichter.

3. **Instore-Marketing = Online-Werbung:** Verknüpfen Sie Ihr stationäres Angebot mit dem Internet und profitieren Sie von viralen Effekten.

4. **Multikanal-Verkauf durch E-Shop-in-Shop:** »Führen wir nicht« ist am Ende. Sind Produkte nicht in der Filiale vorrätig, sollten Sie wissen, wo sie zu bekommen sind. Ein Bestellterminal für das Einkaufen im hauseigenen Online-Shop federt genauso die Abwanderung enttäuschter PoS-Kunden zu Amazon, Zalando & Co. ab wie der Online-Abruf des Warenbestands in anderen Filialen. Freihaus-Lieferung ist dann das i-Tüpfelchen Ihrer individuellen Servicesprache.

5. **Ortsaktive Kundengewinnung:** Bringen Sie Ihre Kunden spielerisch an den Point of Sale. Eine Vielzahl von Location-based Services kann Ihnen dabei behilflich sein – von Mobile Couponing bis hin zu Augmented-Reality-Kampagnen.

6. **E-Mail ist Trumpf:** Professionalisieren Sie Ihr E-Mail-Marketing. Kein digitaler Kommunikationskanal findet größere Akzeptanz beim Kunden.

7. **Kunden ernst nehmen:** Beschwerden in den Kommentarspalten diverser Bewertungsplattformen sollten Sie produktiv nutzen. Schließlich gilt es, aus negativen Kundenerfahrungen zu lernen. Bewertungen im Internet liefern wichtige Impulse zur Verbesserung der Servicequalität am Point of Sale.

8. **Messen ist gut, zuhören ist besser:** Multikanal-Engagement lässt sich noch nicht eindeutig und in all seinen Facetten messen. Natürlich sollten Sie Leistungskennzahlen festlegen, etwa die Zahl der über das Internet generierten

Vorabbestellungen in einem Kampagnenzeitraum. Wichtig aber ist, in Kundengesprächen die Akzeptanz des Internetangebots oder von bestimmten mobilen Services »herauszuhören«.

9. **Mehr Medienkompetenz für Verkäufer:** Um einer steigenden »Shopping Literacy« seitens der mit Smartphone bewaffneten Kunden zu begegnen, ist es unerlässlich, das Verkaufspersonal mit smarten Endgeräten auszustatten und sie zu befähigen – um Kunden besser, schneller und auf Augenhöhe beraten und bedienen zu können.

10. **Kollaborativer Verkauf:** Vertriebssteuerung ist mehr denn je eine Frage der intelligenten Vernetzung. Neue Methoden und Ansätze der Verkaufsschulung sowie der Motivation von Angestellten werden sich vor allem im Zuge der Weiterentwicklung des Internets etablieren.

Glossar

Affiliate-Partner: Affiliate-Partnerschaften, auch Affiliate-Marketing genannt, sind ein Weg, um Werbebanner, aber auch Viral Videos (siehe dort) im Internet zu verbreiten. Werbungtreibende Unternehmen (zum Beispiel E-Shops) platzieren ihr aktuelles Werbeprogramm (zum Beispiel aktuelle Kollektion) auf Plattformen wie Zanox, Affili.net oder shareifyoulike.de. Websitebetreiber (zum Beispiel eine Informationsseite über Mode), auch Publisher genannt, können sich dann als Werbepartner des werbungtreibenden Unternehmens anmelden. Eine einfache Handhabung zum Einbetten der Werbematerialien beim Partner wird über die vermittelnde Plattform gewährleistet. So finden Banner dezentralisiert ihren Weg zu Internetnutzern. Der Partner – das ist das gängigste Modell – wird entsprechend nach dem beim werbungtreibenden Unternehmen generierten Umsatz (Kaufabschlüsse im E-Shop) beteiligt. Der Mittler stellt die Messung sicher und verdient natürlich auch mit.

Android: Betriebssystem für mobile Endgeräte (Smartphones und Tablets), das von Google entwickelt wurde und ständig aktualisiert wird. Neben dem mobilen Betriebssystem von Apple (iOS) das meistverbreitete System. Samsung Smartphones laufen beispielsweise mit Android. Windows Phone heißt das mobile Betriebssystem von Microsoft.

Apps (Applikationen): Die kleinen Helferlein zur Nutzung des mobilen Internets. Sie werden für die entsprechenden mobilen Betriebssysteme (siehe oben) entwickelt und im sogenannten App Store (Apple) oder auf dem Marketplace (Android) zum Download bereitgestellt. Apple machte diese Form der Distribution mit dem iPhone salonfähig. Externe Entwickler der Apps tragen so zu einer stetig steigenden Zahl von mobil nutzbaren Diensten bei. Die meisten Apps sind kostenfrei, sie können aber auch kostenpflichtig sein. Mit Apps konstruieren Sie Ihr eigenes »Schweizer Messer« für die mobile Nutzung des Internets.

Blended Learning: Meist Weiterbildungsangebote, die durch die Verknüpfung von Online- und Präsenzveranstaltung geprägt sind. Lerninhalte sind beispielsweise über das Internet individuell abrufbar, werden aber in Seminaren über einen Dozenten vertieft.

Browser/Browsing: Der Internetbrowser ist die Oberfläche, mit der Webseiten im Internet angesteuert werden. Er ist das Brett zum Surfen im Internet. In diesem Buch wird der Begriff »Produkt-Browsing« verwendet, um etwa die Darstellung und Erklärung von Produkten und Funktionen über einen berührungsempfindlichen Bildschirm zu beschreiben.

Browserspiele: Computerspiele, die direkt in einem Browser online gespielt werden. Sie benötigen keine Software von Spielkonsolenherstellern wie Nintendo oder Microsoft.

Check-in: Bekannt wurde dieses Prinzip durch das US-amerikanische Start-up Foursquare (siehe dort). Der Check-in ist eine Funktion, um sich mit Smartphones in realen Locations (Restaurants, Cafés, Geschäftslokale etc.) mit einem einzigen Klick anzumelden. Freunde im Netzwerk werden über den aktuellen Standort in Echtzeit informiert. Unternehmen können entlang der Check-in-Mechanik Angebote lancieren oder den Besuch eines Point of Sale mit einer Belohnung ausstatten. Hierzulande weniger verbreitete Nutzung als in den USA.

Cloud-Computing: Ein Modell, um schnellen Zugriff auf IT-Infrastrukturen wie bspw. Rechenkapazität oder Softwarelösungen zu bekommen. In erster Linie geht es dabei um das Auslagern von Rechenlasten. Die Daten werden nicht mehr auf lokalen Servern gespeichert, sondern in einer sog. Cloud (Wolke), die über ein Netzwerk – sei es das Internet oder das Intranet eines Unternehmens – bereitgestellt wird. So können Nutzer von unterschiedlichen Geräten aus (Computer, Mobiltelefone etc.) auf Daten und Software zugreifen.

Community Management: Bezeichnung für alle Methoden und Tätigkeiten rund um Konzeption, Aufbau, Leitung, Betrieb, Betreuung und Optimierung von virtuellen Gemeinschaften sowie deren Entsprechung außerhalb des virtuellen Raumes. Unterschieden wird dabei zwischen operativen, den direkten Kontakt mit den Mitgliedern betreffenden, und strategischen, den übergeordneten Rahmen betreffenden Aufgaben und Fragestellungen (Definition übernommen vom Bundesverband für Community Management e.V.[225]).

Content-Management-Systeme (CMS): Benutzeroberflächen zur Pflege von Web-Inhalten wie Baukästen für die Veröffentlichung von Webseiten. Auch kleinere Online-Shops können heute über ein einfach zu handhabendes »Inhaltsverwaltungssystem« ohne fundierte IT-Kenntnisse betrieben werden.

---

225 www.bvcm.org

Copycat: Englischer Begriff für die Kopie eines Geschäftsmodells oder eines Internetdienstes. Vor allem von US-amerikanischen Web-2.0-Unternehmen existieren in Europa zahlreiche Copycats.

Crowdsourcing: Mit Crowdsourcing wird die Auslagerung von Ideenarbeit und Arbeitskraft auf eine nicht definierte größere Zahl von Internetnutzern bezeichnet. Besondere Aufmerksamkeit fand dieses Prinzip mit dem Buch *The Wisdom of Crowds* (2004, dt.: *Die Weisheit der Vielen*) des US-amerikanischen Journalisten James Surowiecki. Er beschreibt darin unter anderem, dass Entscheidungen von heterogenen Gruppen in der Regel klüger ausfallen als die von Einzelpersonen.

Dashboard: Eine oftmals selbst zu konfigurierende Ansammlung von Informationsangeboten und Datenstandsabfragen, übersetzt »Armaturenbrett«.

Digital Signage: Unter diesen Begriff werden bildschirmbasierte Werbe- und Informationsträger im öffentlichen Raum (Verkehrswesen), aber vor allem auch im Einzelhandel zusammengefasst. Sie sind mit multimedialen Inhalten anreicherbar und über Digital-Signage-Netzwerke aussteuerbar. Damit unterscheiden sie sich von statischen Werbeplakaten. Der Übergang zu interaktiven Kiosksystemen, die mit berührungsempfindlichen Bildschirmoberflächen ausgestattet sind, ist zuweilen fließend. In der Werbebranche hat sich neben der Sparte Out-of-Home (vor allem Plakate) der Begriff Digital-out-of-Home (DooH) etabliert.

E-Wallet: Vor allem im englischen Sprachraum gebräuchlicher Begriff für die digitale Geldbörse und bargeldloses Bezahlen.

Enterprise 2.0: Gerne auch Social Business (Collaboration) genannt. Ganz allgemein der Trendbegriff für mehr Social-Media-Elemente in der unternehmensinternen Kommunikation, etwa im Intranet. Im erweiterten Sinne auch Ausdruck für eine transparente Unternehmenskultur mit flachen Hierarchien.

Facebook: Mit 900 Mio. Mitgliedern [Stand: Frühjahr 2012] das größte soziale Netzwerk der Welt. Eigentlich ein »Internet im Internet«. Denn nahezu alle internetbasierten Kommunikations- und Informationsdienste sind integriert: Suche, Chat, E-Mailing, Website (Fanpage bei Unternehmen; Profil bei Personen) etc. Der »Like-Daumen« wurde mit Facebook zum Kultsymbol und Grafik-Ikone. Die Funktion »Mag-ich« (»I like«) ist die minimalste Form der Interaktion auf Facebook. Werbung ist über den Weg der Anzeigenschaltung möglich und sehr genau auf Zielgruppen abzustimmen, weil Nutzer entsprechende Angaben in ihren Profilen hinterlassen (Alter, Geschlecht, Wohnort etc.). Über die Werbewirkung in Facebook streiten sich allerdings die Geister. Die Kommunikation mit Kunden beziehungsweise »Fans« ist über Facebook dialogisch angelegt. Nutzer können Einträge kommentieren oder gar selbst Einträge auf Unternehmensseiten hinterlassen (wenn diese Funktion nicht bewusst deaktiviert wurde). Was technisch möglich ist, findet aber nicht immer in der Praxis seinen Niederschlag. Viele Unternehmen sind mit der Moderation der Kundenmeinungen und Anfragen überfordert. Oder sie betreiben verwaiste Fanpages. Ein Facebook-Auftritt will wohl geplant sein, insbesondere bei Händlern.

Feed: Im vorliegenden Buch wird dieser Begriff vor allem mit der Beschreibung »Twitter-Feed« verwendet. Damit ist der Nachrichtenstrom gemeint, der in einem Twitterkanal publiziert wird. Ganz allgemein sind mit Feeds auch abonnierbare Inhalte (Texte, Ton-Dateien etc.) gemeint, die über RSS (Really Simple Syndication) verbreitet werden oder auf unterschiedlichen Webseiten ausgelesen werden. Ein beliebter Dienst zum Verwalten und Lesen von RSS-Feeds ist der Google Reader. Ohne RSS-Feeds sind viele Web-2.0-Anwendungen und Dienste undenkbar – etwa Podcasts, regelmäßig veröffentlichte Ton- oder Videodateien, die zum Beispiel im Apple iTunes Store verbreitet werden.

Follower: Mit diesem Begriff werden die Abonnenten eines Twitterkanals bezeichnet. Die jeweiligen Aussendungen von maximal 140 Zeichen Länge, sogenannte Tweets, werden in Echtzeit dargestellt. Das »Folgen« eines Twitterkanal-Betreibers setzt voraus, dass der Folgende ebenso einen Twitterkanal betreibt oder zumindest eröffnet. Gerne werden die Kontakte zu Konsumenten und »Freunden« in den sozialen Netzwerken auch mit »Fans & Followers« bezeichnet.

Foursquare: US-amerikanischer Location-based Service (siehe dort), der das Prinzip »Check-in« (siehe dort) erfunden hat. Für stationäre Händler und Dienstleister ist Foursquare interessant, weil Check-ins einen Aufschluss über die Beliebtheit einer Location geben und sich mit Check-in-Modellen Kunden binden und gewinnen lassen.

Geotargeting: Die positionsbezogene Ansprache von Konsumenten mit der Absicht, sie mit ortsrelevanter Werbung zu versorgen.

In-App Purchase: Kauf innerhalb des Funktionsumfangs einer App (siehe dort): zum Beispiel Zusatzdienste, die in der kostenfreien »Mutter-Applikation« nicht enthalten sind, aber durch In-App Purchase freigeschaltet werden.

iOS/Apple iOS: Standardbetriebssystem für mobile Apple-Produkte wie iPhone oder iPad, das an iTunes und den entsprechenden App Store angebunden ist (siehe auch »Android«).

Landing Page: Der erste Touchpoint (siehe dort) für Betrachter einer Zielseite im Internet, die über QR-Code (siehe dort) oder per Textlink beworben wurde. Landing Pages sollten für die Ansicht auf mobilen Endgeräten optimiert sein.

Location-based Services (LBS): Im Deutschen auch »ortsbasierte/ortsbezogene Dienste« genannt. Unter diesen Begriff fallen allerdings sehr unterschiedliche Plattformen und Applikationen. Gemeinsam ist ihnen allen jedoch die einfache Handhabung über mobile Endgeräte wie Smartphones. Location-based Services stellen dem Nutzer mithilfe einer Technik, welche die Position des Nutzers erkennen lässt (GPS, Bluetooth, Funk, WLAN etc.), Informationen oder Services der näheren Umgebung zur Verfügung.

Mobile Couponing: Ein Verfahren zur Distribution von digitalen Rabattmarken, die über mobile Geräte gefunden und eingelöst werden können, ohne dass der Ausdruck eines Belegs an der Kasse gebraucht wird.

NFC (Near Field Communication): Technischer Standard zum kontaktlosen Übertragen von Daten über kurze Strecken, etwa beim Mobile Payment oder im Mobile Ticketing. Immer mehr Smartphones sind mit NFC-Technologie ausgerüstet.

Point of Interest: Ein in digitalen Karten verzeichneter Marker, der mit Informationen zum betreffenden Ort befüllt ist, zum Beispiel in Google Maps. Im erweiterten Sinne die Metapher für die qualitative Veränderung des Verkaufsortes aufgrund zunehmender digitaler Kommunikations- und Vertriebskanäle – vom Point of Sale zum Point of Interest (vgl. Haderlein 2009).

Pop-up Store: Zeitlich befristete Neueröffnung eines Ladengeschäfts, meist in der Tradition des Konzept-Store.

Produkt-Browsing: siehe »Browser«

QR-Code (Quick-Response): Ein zweidimensionaler Strichcode, der heute vor allem für den direkten mobilen Zugriff auf bestimmte Internetinhalte verwendet wird (auch Mobile Tagging genannt). Die Kamera des Smartphones liest mittels einer Applikation (siehe dort) die im QR-Code hinterlegten Informationen aus.

Qype: Deutschlands größte lokale Bewertungsplattform, die nun allerdings Konkurrenz durch den Markteintritt des US-amerikanischen Vorbilds Yelp bekommt.

Shitstorm: Empörungswelle, die über Social-Media-Plattformen losgetreten wird und im schlimmsten Falle in einer negativen Berichterstattung in den klassischen Medien endet.

Social Commerce: Die durch Web-2.0-Elemente geprägte Variante und Weiterentwicklung von E-Commerce-Geschäftsmodellen und -Diensten (vgl. Haderlein/Krisch 2008).

Social Software: Der Begriff fasst Softwareanwendungen zusammen, die computervermittelte Kommunikation ermöglichen sowie die Grundlage von Peer-to-Peer-Netzwerken und Web-Communitys darstellen. Zum Beispiel: Weblogs, Wikis oder soziale Netzwerke. Im übertragenen Sinne das Betriebssystem für Web 2.0.

Software as a Service (SaaS): Ein Modell der Bereitstellung von Software, das durch das sog. Cloud-Computing (siehe dort) Verbreitung findet. IT-Infrastruktur und Software werden vom Kunden nicht mehr gekauft und selbst verwaltet, sondern von einem externen IT-Dienstleister betrieben und bereitgestellt, ähnlich dem Geschäftsmodell der Stromversorger. Der Kunde nutzt diese Software, zum Beispiel einen Transaktionsdienst, als Service. Abgerechnet wird nicht mehr nach dem alten Lizenzmodell, sondern meist nach »Verbrauch« (Datenvolumen, Transaktionen) oder nach der zeitlichen Nutzung.

SoLoMo: Initialwort für **so**zial, **lo**kal und **mo**bil. Damit sind die zentralen Treiber und Informationskontexte des gegenwärtigen Internets gemeint.

Spam: Unerwünschte E-Mails im Postfach.

Subscriber: Der Abonnent eines Newsletter-Angebots.

Tablet/Tablet-PC: Flache Computer, die über einen Touchscreen bedient werden, gibt es nicht erst, seit Apple das iPad auf den Markt gebracht hat. Allerdings ist das iPad aufgrund seines Betriebssystems, des attraktiven Designs und der Konfigurationsmöglichkeiten über Apps (siehe Glossar) zu einem Massengerät geworden, das viele Anwendungskontexte kennt – ob als E-Reader, Steuerungsgerät, Kassenschnittstelle oder Mini-Fernseher. Für den Einzelhandel sind Tablets zunehmend als Verkaufshilfen bei Beratungsgesprächen von Interesse.

Touchpoints: »Berührungspunkte« von Konsumenten mit Marken, Herstellern oder Händlern. Der Weg von der Pre-Sales- zur After-Sales-Phase verläuft entlang unterschiedlicher, vom Kunden oft frei wählbarer Touchpoints, die medial jeweils spezifisch verfasst sind. Telefon, Internet, aber auch ein Kiosksystem am Point of Sale oder das persönliche Gespräch an der Kasse sind Touchpoints.

Viral Videos: Meist relativ kurze YouTube-Videos mit witzigen (oder anstö-ßigen) Inhalten und »viralem Charakter«. Das heißt, sie verbreiten sich idealer-weise über soziale Netzwerke und durch Verlinkungen. Vor allem die Konsum-güterindustrie nutzt diese Form der subtilen Werbung.

Web 2.0: Ein durch den Internet-Pionier Tim O'Reilly geprägter Begriff. Im Oktober 2004 organisierte er die Konferenz »Web 2.0« und läutete damit die neue Ära des »Mitmach-Internets« ein. Andere Sammelbegriffe für Web-2.0-Dienste und -Funktionen sind auch Social Media (Sozial-Medien) in Abgrenzung zu den klassischen Medien (TV, Radio, Print) und neuen Medien (E-Mail, Multimedia-Anwendungen etc.). Es ist vor allem durch dialogorientierte Kommunikations-formen in Echtzeit geprägt. Außerdem vollzieht sich vor dem Hintergrund des Web 2.0 der Rollenwechsel vom Empfänger zum Sender (Kommentare, Web-logs etc.) oder vom Käufer zum Verkäufer (EBay, DaWanda etc.). Web 2.0 hat das Marketing und die Kundenansprache, aber auch den E-Commerce (Bewer-tungen, Wunschlisten etc.) nachhaltig geprägt (vgl. Haderlein 2006).

Webinar: Ein Seminar oder Vortrag, der über das Internet übertragen wird. Neben dem Live-Bewegtbild des Dozenten oder Sprechers sind auch illust-rierende Folien zu sehen. Ambitionierte Webinar-Veranstalter und sogenannte E-Moderatoren integrieren zudem interaktive Elemente wie Abstimmungen, Teilnehmerkommentare und dergleichen in die Veranstaltung. Auch die Zu-schaltung von Publikum per Audioübertragung oder Video-Livebild ist möglich. Die Teilnehmer sind meist in einer Teilnehmerliste mit Namen oder Pseudonym sichtbar.

Widget: Elemente eines Informationsangebotes, die separat verbreitet, in-dividuell kombiniert und angepasst werden können (manchmal auch Gadget genannt). Widgets sind im E-Commerce die Rädchen im Getriebe dezentraler Verkaufsstrukturen. So können Sie beispielsweise als Amazon-Partner einzel-ne Bücher des Online-Sortiments in Werbeflächen Ihrer Website einbauen. Am Umsatz durch Kunden, die über den Link Ihrer Seite das Produkt in Amazon kaufen, sind Sie als Widget-Einbetter beteiligt. Amazon spricht hier allerdings von Werbekostenerstattung.

Literatur- und Studienverzeichnis

Acardo/lb-lab (2012): Akzeptanz von Mobile Couponing. Repräsentative Ergebnisse einer Konsumenten-Befragung. Januar 2011.

Anderson, Chris (2007): The Long Tail – der lange Schwanz. Nischenprodukte statt Massenmarkt – das Geschäft der Zukunft. Carl Hanser Verlag, München.

BBDO Germany (2011): Facebook Commerce. Der Wandel zum Handel. Düsseldorf.

Bender, Hanno, u.a. (2012a): »Das Ziel vor Augen«, in: Der Handel, 06/2012, S. 24–31.

Bender, Hanno, u.a. (2012b): »Frische im Test«, in: Der Handel, 06/2012, S. 41–43.

Bhargava, Rohit (2012): Likeonomics. The Unexpected Truth Behind Earning Trust, Influencing Behavior, and Inspiring Action. John Wiley & Sons, Hoboken.

Burmann, Christoph; Wenske, Verena (2007): »Multi-Channeling-Marketing und Markenmanagement«, in: Bernd W. Wirtz (Hg.): Handbuch Multi-Channeling-Marketing. Gabler, Wiesbaden, S. 195–219.

comScore (2012): 2012 Mobile Future in Focus. Key Insights from 2011 and What They Mean for the Coming Year. Whitepaper.

comScore/Shop.org/The Partnering Group (Hg.) (2012): 2012 Social & Mobile Commerce Consumer Study.

Consline (2012): Lebensmittel online. Amazon steigert Kundenzufriedenheit. Eine Untersuchung der Consline AG, April 2012.

Eckhard, Andreas, u.a. (2012): Recruiting Trends im Mittelstand 2012. Frankfurt am Main, Bamberg.

Eckstein, Aline, u.a. (2012): Erfolgsfaktoren im E-Commerce – Deutschlands Top Online-Shops. ECC Handel in Zusammenarbeit mit Hermes, Köln.

Eckstein, Aline; Halbach, Judith (2011): Mobile Advertising am Point-of-Sale. Folgestudie zu Potenzial und Einsatz mobiler Werbemaßnahmen im Handel. ECC Handel/IFH Institut für Handelsforschung, Köln.

EHI Retail Institute (2011): Marketingmonitor Handel 2011–2014. Marketinginvestition, Mediamix; Supplement: Mobile Marketing/Mobile Couponing in Retail. EHI, Köln.

EHI Retail Institute (2012a): PR im Handel 2012. Empirische Studie zu Bedeutung, Strategie, Themen und Trends. EHI, Köln.

EHI Retail Institute (2012b): Kassensysteme 2012. Fakten, Hintergründe und Perspektiven. EHI, Köln.

Elvers, Silja (2012): »Bewegtes in der Schlange«, in: Horizont 16/2012, 19. April 2012, S. 37.

ExactTarget (2012a): The 2012 Channel Preference Survey. Subscribers, Fans and Followers. Report Nr. 14. Download über: www.ExactTarget.com/SFF

ExactTarget (2012b): Retail Touchpoints Exposed. Subscribers, Fans and Followers. Report Nr. 16. Download: www.ExactTarget.com/SFF

GDI Impuls (2009), Nr. 2/2009: Ehrbarkeit. Was der Rest der Wirtschaft vom Handel lernen kann. Und die Händler natürlich auch. Rüschlikon.

GS1 Germany/ECC Handel (2012): Studie zu Einsatz und Potenzial mobiler Coupons und Coupon-Apps. Köln.

Haderlein, Andreas (2006): Marketing 2.0. Von der Masse zur Community. Fakten und Ausblicke zur neuen (Online-)Kommunikation. Zukunftsinstitut, Kelkheim.

Haderlein, Andreas (2009): Sales Design. Vom Point-of-Sale zum Point-of-Interest. Trendbasiertes Marketing für Einzelhändler, Shopbetreiber, Gastronomen und B2C-Dienstleister. Zukunftsinstitut, Kelkheim.

Haderlein, Andreas; Krisch, Jochen (2008): Social Commerce. Verkaufen im Community-Zeitalter. PDF-Trenddossier. Zukunftsinstitut, Kelkheim.

Haderlein, Andreas; Seitz, Janine (2011): Die Netzgesellschaft. Schlüsseltrends des digitalen Wandels. Zukunftsinstitut, Kelkheim.

Heinemann, Gerrit; Schleusener, Michael; Zaharia, Silvia (Hg.) (2012): Modernes Multi-Channeling im Fashion-Handel. Konzepte, Erfolgsfaktoren, Praxisbeispiele. Deutscher Fachverlag, Frankfurt am Main.

Heinick, Hansjürgen (2012): Branchenreport Internethandel. Jahrgang 2012. IFH – Institut für Handelsforschung, Köln.

Holman, Lee; Buzek, Greg (2012): Mobile POS: The First Real Test. IHL Group, Franklin.

Kock, Stefan (2010): Chancen und Risiken von Brick & Click: Multi-Channel-Marketing im Bekleidungseinzelhandel. IGEL Verlag, Hamburg.

KPMG/ECC Handel (2011): Preisportale, Couponing, soziale Netzwerke – der Einfluss aktueller Online-Trends auf das Kaufverhalten. Studie

KPMG/EHI Retail Institute (2012): Trends im Handel 2020. Studie.

Levine, Rick u.a. (2000): Das Cluetrain-Manifest. 95 Thesen für die neue Unternehmenskultur im digitalen Zeitalter. Econ-Verlag, München.

Mayer, Ansgar (2012): App-Economy: Milliarden-Markt Mobile Business. mi-Wirtschaftsbuch, München.

McConnell, Ben; Huba, Jackie (2002): Creating Customer Evangelists: Profit from Turning Loyal Customers into a Volunteer Sales Force. Kaplan Publishing

Morse, Gardiner (2012): »Der Kundenflüsterer.« Interview mit Ron Johnson, in: Harvard Business Manager, 03/2012, S. 42–47.

MoVendor (2012): Mobile Commerce Studie: Rund die Hälfte der mobilen Onlineshop-Besucher befindet sich dabei im WLAN. MoVendor GmbH & Co. KG, Hamburg. Download: www.movendor.com/pressebereich/Mobile-Commerce-WLAN.pdf

PSFK (2011a): Future of Mobile Tagging. PSFK Report, New York. Download: www.psfk.com/future-of-mobile-tagging

PSFK (2011b): The Future of Retail: How Technology Adds a Human Touch to Evolve the Shopper Experience. PSFK Report, Vol. 2. New York. Download: www.psfk.com/future-of-retail

PwC – PricewaterhouseCoopers (Hg.) (2011): Customers Take Control. How the Multi-Channel Shopper is Changing the Global Retail Landscape.

Rosenbaum, Steven (2011): Curation Nation. How to Win in a World Where Consumers Are Creators. McGraw-Hill, New York, Chicago u.a.

Shen, Sandy (2012): Forecast: Mobile Payment, Worldwide, 2009-2016. Gartner.

Spannuth, Lutz (2011): »Integriertes Multi-Channeling als strategische Chance. Multi-Channel aus Sicht des mittelständischen Traditionshändlers Schuh Görtz«, in: Heinemann/Schleusener/Zaharia: Modernes Multichanneling im Fashion-Handel 2012, S. 127–141.

Steuer, Philipp (2012): Der Google+ Local Guide. Alles was man über Google+ Local wissen sollte. Download: http://philippsteuer.de/google-plus-local-guide

Surowiecki, James (2005): Die Weisheit der Vielen. München: Bertelsmann

Tapscott, Don; Williams, D. Anthony (2007): Wikinomics. Die Revolution im Netz. Carl Hanser Verlag, München.

Watson, James (2012): Agent of Change: The Future of Technology Disruption in Business. Economist Intelligence Unit (EIU).

Zanetti, Daniel (2005): Kundenverblüffung. Kreative Tipps, wie Sie Ihre Kunden nachhaltig an sich binden. 2. Auflage. Redline Wirtschaftsverlag, München.

Zichermann, Gabe; Linder, Joselin (2010): Game-Based Marketing: Inspire Customer Loyalty Through Rewards, Challenges, and Contests. John Wiley & Sons, Hoboken.

Stichwortverzeichnis